JN437168

바람은 길을 묻지 않는다

최병영 제4시집

바람은 길을 묻지 않는다

일천만 원 고료 문학대상 수상 기념 일곱 번째 작품집

도서출판 천우

마침표

마침표는 완결이다.

마침표는 부분들의 총합으로 완결을 지향하는 종결부호이다. 이는 미완으로부터의 완성이요, 미결로부터의 확정이다. 마침표는 한 문장의 완결이요, 두 행간의 완결이다. 마침표들이 모여 하나의 개체를 이루고, 그 개체들이 모여 완성된 한 편의 전체를 이룬다.

마침표는 이완이다.

마침표는 혼란과 갈등의 종식이요, 고뇌와 번민으로부터의 해방이다. 마침표는 모든 구속과 굴레와 멍에로부터의 자유이다. 이는 과정이 아닌 결과요, 충분한 탐색 이후의 이완이다. 문인은 사고의 함의(含意)가 명징하게 구축되지 않을 때 마침표 앞에서 번민한다. 그들은 하나의 마침표를 위해 끊임없이 알맹이를 챙기고, 지우고, 다듬으며 고뇌의 심연을 방황한다.

마침표는 비축이다.

마침표는 신의 눈부신 창조물이다. 마침표는 집요하고 고집스러운 영혼들이 창조하는 자기 분신의 상징물이다. 수많은 담금질과

난도질과 되새김질을 거쳐 완성된 마침표는 단단하다. 우리의 가슴을 훈훈하고 뭉클하게 하는 감명 깊은 작품들은 그런 작가의 집착적 광기가 예술혼으로 승화한 흔적을 부적처럼 지니고 있다. 문인은 산고의 진통을 마침표로 정리하고 한동안 침묵한다. 비워낸 사유의 공간에 새로운 의미를 비축하기 위해서이다.

마침표는 출발이다.

마침표는 새로운 출발의 시작점이다. 마침표는 작품 생성과정의 종결 부호이자 시작 부호이다. 새로운 출발에는 기대와 설렘이 수반된다. 또한 그 과정에는 극도의 인내와 극기, 남다른 각오와 열정이 필연으로 자리한다.

일곱 번째 작품집의 마침표 앞에서 자꾸만 미적댄다. 이제 슬슬 겁이 나기 때문이다. 하지만 눈 찔끔 감고 마침표를 찍으련다. 털어내고 새 출발을 하기 위해서이다. 하지만, 마침표의 뒤통수는 여전히 불안하고 허전하다. 마침표는 단아한 매무시로 모든 이야기를 묵언의 갈피에 갈무리한다. 이 부질없는 시집의 넋두리에 자리할 마침표도 그러할 것이다.

2016년 봄날, 마침표 앞에서

서 시
(序詩)

광부(鑛夫)

밀밀한 어둠 속
촉수 무딘 착암기 맹렬히 돌아가고
광구(鑛區)가 부르르 경련한다
소리만 요란하고
여전히, 암반은 견고하다
풀썩거리는 먼지가 출구를 봉쇄한다
와르르
푸석푸석한 부록(附錄)들이 쏟아져 내리고
바구니가 헛배 불러 무거워진다

광구는 사유하지 않는다
결빙된 모서리 들어
허성해진 시세계를 표백해 보지만
하늬바람 불어와 행간의 여백을 삭제한다
기계 날에 빛과 소리가 충돌하면서
불꽃이 점화되어 상념을 전소한다
영혼의 심지 태운 언어조차 경박해지고
적막, 먹빛으로 번진다

다시 광구에 내려선다
외짝 더듬이 쭈뼛 세워 상상을 극대화하고
함축과 암유와 상징을 탐색하지만
본질 달아나고 형체 달아나고
그렇게 달아나는 것들의 뒤퉁수가 시퍼렇다

숫돌에 부리 갈아 날 세우고
사색의 갈기 빗질하여
얼기설기 집 한 채 지어보지만
틈새바람에 기둥 흔들리고
밀알처럼 거두어온 시간이 비에 젖는다

이제, 윤기 자르르한 석탄 채굴 위해
관솔불 밝혀 들고
박수무당 부적으로 비손이나 해볼거나
명주 천 훨훨 날려 살풀이나 해볼거나
새하얀 지전(紙錢) 흔들어 씻김굿이나 해볼거나.

무종소리

2

이팝꽃

3

한지

4

맨드라미

5

서울, 지하철 2호선

6

어촌 풍경

1

무종소리

밀랍 된 주검들이 질질 끌려가는데
사방을 둘러도
등대 불빛조차 보이지 않는다.

파태(破太)

내 눈물은 조금씩 죽어서 비리다
거친 손금들이 우묵한 어둠을 조몰락거리다
지느러미에 해독되지 않은 지문으로 박힌 채
만장도 없이 내동댕이쳐지고 짓밟혔다
덕장 서까래에 목매달 여지도 없이
까마귀들이 너덜너덜한 생명을 쪼아댔다

참으로 고달픈 숨이었다
이제, 허름한 한 생의 모퉁이에서
어느 이 빠진 무쇠 칼날이
바다처럼 독기 어린 눈매로
나에게서 생을 가르고 비린내를 꺼낼 것이다

친구 녀석들, 황태 되었다고 휘파람 불며
백화점으로, 해장 집으로 나들이 가는데
황새기 젓갈처럼 짰던 숨
넝마조각으로 비닐봉지에 담긴 채
단두대 오른 죄수처럼
황급히 유서 한 장 휘갈긴다

한밤, 양재기 펄펄 들끓고
아직도 내 눈물은 죽어서 비리다.

깡태 · 2

흠씬 두들겨 맞아야
비로소 한 줄기 빛살 드는 생이 있다
제사상 오르기 위해 초연히 치르는
눈물겨운 고통의 통과의례

황금빛 우아한 황태 되려
설악덕장 서까래에 목매달고
살점 저미는 고행 겪으며
치열히 꿈꾸고 염원했던 소망의 빛
그것이 오로지 유일한 존재 이유였다

그 해, 산마루 겨울은 너무도 변덕스러웠다
한순간에 수분 빠지고
바짝 마른 심장을 옥죄는 것은
야만적 본능에 굶주려 희번덕이는 올무였다

오늘 밤도
미지의 어느 집에 제사상 차려지고
젓가락 한 번 쉬었다 가지 않는 천대 속에
비몽사몽으로 어설픈 의식 치르며
어동육서 지정석 앉아
겸연쩍게 낯선 영혼을 맞는다.

먹태

하늘하늘 눈 날리는 산자락에서
누군 너무 추워 슬픈 생을 살고
누군 너무 따스하여 설운 삶을 산다

바다에서 총총히 달려와
등성이 오르느라 숨 가빴다
죽어서도 새 명찰 달아야 하는 기구한 운명
반상의 대열 오르기 위해
눈물겹도록 얼얼한 한설(寒雪) 고대했지만
내가 살아온 생애처럼
겨울은 온통 미적지근한 바람이었다

유원(悠遠)한 역사와 전통에 기반하여
백의겨레로 살아왔고
단일민족이라 자랑해온 나라
거기서는 무조건 까무잡잡한 게 죄였다
우량한 유전인자는 무참히 짓밟히고
언제나 저울눈이 삐딱이 가리키는 건
미끈히 단장하여 화사한 걸 포장지였다

까무잡잡하다는 것
그것이 세상에서 유일한 원죄였던 게다.

일등 공화국

애벌레들이 줄기차게 꽃나무 오른다
우듬지 올라 나비로 부화하기 위해
꽃대에 다닥다닥 붙어 부산히 곰실거린다
행여 늦으면 도태될까 두려워
맨 먼저 오르려고 버둥대는
본능적인 생존의 몸짓이다

항상 일등만 칭송하고
선두만 금빛으로 치장하는 세상,
인간의 욕망이 통시(通時)를 지배하여
꼴찌가 설 땅이 없는 곳에 부화한 애벌레
그들의 몸서리쳐지는 경쟁이다

노랑나비가 우듬지에 이르러 꿀을 채집한다
그곳에 다다라서야 비로소 애벌레들은 깨닫는다
꼴찌까지 모두 아름다운 나비가 될 수 있음을
나비 되어 자유로이 훨훨 날아갈 수 있음을

애벌레가 선탈(蟬脫)하는 날,
줄곧 수석에서 이등으로 내려앉은 중학생이
아파트 옥상에 올랐다
어둠의 밀도가 농액(濃液)처럼 엉겨 붙는 밤이었다.

무종* 소리

안개가 하마 같은 입으로
무참히 바다를 삼킨다

암초더미에 뱃길 끊어지고
산발한 파도가 시퍼런 칼날을 문다

밀랍 된 주검들이 질질 끌려가는데
사방을 둘러도
등대 불빛조차 보이지 않는다

돛대 자끈동 부러지고
갑판 기우뚱 기운다

어디선가 끈적끈적 바람이 불어온다
모공에 송골송골 종소리가 묻어 있다

어머니 절규다
해안에서 발 동동 구르며
어머니가 정신없이 종을 쳐대고 있다.

* 무종(霧鐘) : 배가 안개 속을 항해할 때 종을 쳐서 위치를 알려주는 신호.

널배*

그것은 숙연한 생의 수묵화다

바다가 야금야금 갯벌 게워내면
퍼렇게 날선 바람 헤집고
아낙들이 뜨건 삶을 캔다
아득한 시절 칙칙한 흑백사진처럼
널배가 파도소리 밀어내면
둘레 없는 여자만(如自灣)은 사포처럼 거칠어진다

갯바람 일렁이는 해안
태양이 가만가만 햇살 풀어놓자마자
벌교는 뻘게 마냥 납작 엎드리고
무릎 하나 널판에 세운 아낙들
뒷발질로 개펄 차고 나가
쇠갈퀴로 질퍽하게 생을 캔다

그것은 경건한 삶의 수채화다

섬마을 앞마당 골고루
바다가 흩뿌려놓은 흑진주
맨드라미처럼 돌돌 볏을 세운
참꼬막 붉은 혓바닥이 태양을 감아올리고

게딱지 같은 슬픔 몇 조각 들러붙은 널배가
바다 뱃살 타고 미끄러지며
잘 익은 노을 한 자락 갯고랑에 풀어놓는다

그것은 뜨거운 생의 풍경화다

겹겹의 파도 쩌렁한 함성으로 적시며
아낙이 널배 타고 갯벌 밀면
바다는 금세 활활 꽃불로 타오르고
검붉은 자궁마다에선 꼬막내가 진동한다.

* 널배 : 갯벌에서 꼬막을 채취하기 위해 아낙들이 타는 널빤지 모양의 뻘배.

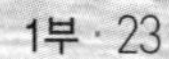

섬

섬이 돌아눕는다

섬이 섬에 갇혀 섬으로 흐르다가
파도의 뼈 안고 무채색 바람 일으킨다

섬이 동그마니 등성이에 울타리 쌓고
틈새로 새어드는 바람을 소거한다

환호와 갈채의 더듬이 잃고
점점이 내륙에서 멀어진 섬들이
다도해처럼 둥둥 떠다니다
사금파리에 베어 신음한다

별무리 헤엄치는 밤
풀물 든 울음 텀벙대는 해면에서
아픔은 깃발처럼 펄럭이는데
바람이 선홍색 혀로 갯바위 휘감고
불멸의 해일(海溢)이 작두춤으로 부활한다

달빛 저린 해원에서
헐렁히 닳은 시간 한 조각 베어 물고
섬이 끙, 돌아눕는다.

시계추

흔들어라, 모질게 흔들어라
가풀막진 세상
광기 눌린 고통만큼 독하게 흔들어라

붉은 담장에 갇힌 마른 사념
사위 점령한 어둠의 냉기
쳇바퀴 돌려대는 권태로운 일상

흔들어서, 모질게 흔들어서
선혈 낭자한 시간이 퍼덕이는
한 줄금 바람이라도 일으켜야
오롯이 가냘픈 숨이라도 쉴 수 있으리

흔들어서, 독하게 흔들어서
바람까지 닳고 닳아
무형의 존재로 산화할 때라야
어둠이 침식한 암벽 균열되고
등 푸른 자유 생성되리니

흔들어라, 모질게 흔들어라
지평 균열되어 함몰하고
바람이 바람에 날려 사그라질 때까지.

숨비소리

격랑 갈라 바다내장 건져들고
축포처럼 터뜨리는
검푸른 휘파람소리
파도에 청순한 나이 묻고
바다에 꽃숭어리 시절 묻으며
해풍에 물컹하게 늙어버린 잠녀(潛女)
거북처럼 서러운 자맥질로
너울대는 해초더미에서 건져 올리는
한 움큼 생의 타래

물결 붉게 타드는 바다
직선으로 출렁이는 해조울음처럼
가멸찬 인고의 소용돌이
결빙된 시간의 결에 들어
뼛속까지 숨결 들이마셨다가
바다 속엣 것들 건져 올리며
석류 터지듯 터뜨리는
싱싱한 바다의 검붉은 포효

삶의 척추 마디마디 비린내로 절어서야
비로소 얻는
눈물겨운 바다 사리들.

와송(瓦松)

도시 변두리 경관 좋은 산자락에
그림 같은 집 짓고 이사한 사람
정원에 아름드리 왕소나무 두어 그루 이식했는데
하늘 향해 쭉쭉 뻗은 나무보다
줄기 휘어져 치렁치렁 늘어진 나무가
훨씬 더 값지고 고귀한 상등품이라네

드러눕는 것도 세상 사는 재주인 게지
드러누워 적당히 봐주고 검은 잇속 챙기는 놈들
드러누워 아부하고 고속 승진하는 놈들
드러누워 불법투기하고 졸부 되는 놈들
결국, 그런 놈들이 목 쳐들고 잘사는 세상
그런 세상에선 올곧아봤자 부러지기 십상인 것을
뭐하러 외곬으로 허리 꼿꼿이 세우려 했던가

서녘에서 타드는 검붉은 노을
굽어진 가지 걸터앉아
화냥년처럼 사방에 불질하는데
와송 한 그루
빠끔히 날 바라보며
눕는 재주조차 배우지 못했다 비웃어대네.

달밭 골

겨울이 동면하는 소백산자락
자욱이 천지기운 발원하는 산중에
척척 진흙 발라 오두막 짓고
산에 묻혀 산을 먹고 산다
자연이 지배하는 순리의 공간
산골 닮은 사람
오늘도 자연이 주는 것들 얻으러 산에 오른다

겨울 길고 밤은 더 길어
달이 유난히 밝은 달밭 골
산죽 캐어 가마솥에 약밥 만들고
자작나무 화수 액 받아 살아가는
검박하면서도 풍요로운 생활
시리도록 달빛 차올라 부엌 들면
아낙은 가만히 아궁이에 고구마 굽는다

애기똥풀 향기 진해져서야
비로소 봄이 왔음을 아는데,
맑은 영혼 심지 돋우고
산사람 망태기 잔뜩 부풀어 오르면
계절은 녹아 계류로 흐르고
청량한 물소리에 산은 더욱 정갈해진다.

포구의 밤

해가 저문다
서걱대는 공단치맛자락 질질 끌고 가다
올망졸망한 산등성이 올라
무던히도 출렁였던 하루치 등짐
가만가만 부려놓고
끼룩대는 갈매기 울음처럼 밭은기침 차올라
고깃배 정박한 방파제에다
검붉은 선혈 한 점 울컥 토악질한다

선창가 선술집 대폿잔에 통통배 띄워놓고
하염없이 삶을 멀미하며
자아내면을 태워 소진해 온 날들
등줄기 퍼렇게 격한 파도소리 한 짐 지고
솜뭉치 되어 찾아든 둥지에서
밤은 타조 알처럼 더욱 단단해진다

세상에 온몸을 깡그리 내주다가
귀퉁이 뭉개진 달빛 한 자락
해수면 빠져 허우적대는데
섬은 밤새 뒤척이며 그리움 꿈꾸고
포구는 낡은 닻줄에 메어
허름하고 부식된 상념을 절여댄다.

인생

무시로 안개 짙어
희끄무레한 비탈길

올려보면
볼수록 숨 가쁘고
내려보면
볼수록 어지럽고

올려보아도
내려보아도
온통 꼬불꼬불하고
울퉁불퉁한 길

한평생
돌개바람 지고 넘어가는
가파른 깔딱 고개.

개 짖는 세상

컹컹, 온통 개소리 범벅이다
한 마리 짖으니 온 동네 개들
우르르 몰려나와 덩달아 짖어댄다

햇살 헝클어진 오후
구급차에 하얀 시신 실린다
층수 올려 증축하던 상가 공사장
가림막 속에서 만삭 배 부여안고
가게 열어 열심히 꽃잎 피우던 임부
벽돌 맞아 숨졌다고 난린데,

식당에서 멀거니 시신 바라보며
꾸역꾸역
순대로 순대 가득 채운다
개 짖는 세상 헤쳐가기 위해
숟가락질 부지런히 하루치 생을 늘인다

컹컹, 개 짖는다
싸늘히 식은 구급차 떠나고
뒤축 닳은 신발소리 부산한 길목에서
비루먹은 개들이 꼬리 치켜들고 짖어댄다.

숲의 반란

햇살 부시고 달빛 곱기에,
꽃내 향긋하고 풀향 풋풋하기에
숲은 한사코 반란을 계획한다
팽팽한 하늘 호수처럼 깊어지고
솜털구름 한 무리 한가로이 떠도는데
무상한 평온은 풀벌레처럼 외로운 것
순치된 안락은 달그림자처럼 고독한 것
어제가 오늘로, 오늘이 내일로 이어지며
질식할 듯이 거듭되는 순환의 일정표
본디 삶은 아리고 고달픈 것이기에
고요한 정적의 일상 파괴하고
근엄한 질서의 규범 분쇄하고
때로는 깊은 수렁 빠져 허우적대며
때로는 수직 절벽 가로막혀 절망하며
그렇게 사는 것이 정녕 사는 것이기에
수축과 긴장을 뜨거운 생의 징표로 삼고
숲은 독하게 반란을 주도한다
단조로운 일상의 권태 도지고
얼룩진 나날의 회의 짓물러
숲은 처절히 반란의 색채로 온몸을 문신한다.

2
이팝꽃

솔바람 에는 산길에
와르르 쏟아진 밥알들
서럽도록 만삭인 눈송이에 섞여
이팝처럼 하얗게 울음꽃으로 피었단다.

달챙이*

어두컴컴한 부엌
창살로 새어드는 달빛 떼어 국 끓이던
엄니는 늘 달챙이였다

김 모락모락 이는 가마솥에서
시부모 쌀밥 퍼내고
시뉘들 쌀보리밥 퍼내고
자식들 보리밥 퍼내고
바닥에 바짝 눌어붙은 누룽지
달챙이로 박박 긁어
물 말아 허기 속이는

엄니는 늘 가여운 달챙이였다
한없이 드높고 험한 보릿고개
끼니 걱정으로 한숨까지 메말라
부지깽이처럼 바짝바짝 속 타들던
울 엄니는

솥바닥 박박 긁어
더 닳을 것조차 없는 달챙이였다.

* 달챙이 : 끝이 닳아서 무디어진 모지랑숟가락.

넋 건지기 굿
— 시나위 · 46

어허이
넋이야, 넋이로다
물질 나간 망자님
홀로 가서 고혼(孤魂) 된 바다

새하얀 무명천 뱃전 매어놓고
시신 없는 넋 건지는
무녀의 구슬픈 넋두리

서늘한 춤사위로 주검 삼킨 바다는
첩첩한 응어리조차 파도더미에 묻고
퍼렇게 갈기 세워 요동치는데,

오늘도 가슴 시린 넋들
수평선 나가
검붉은 노을 한 자락 끌어다
모닥불 활활 지피거니

어허이
넋이야, 넋이로다
너무도 아리고 무거워 건질 수 없는
망자의 애절한 넋이로다.

움통

먼동 트는 새벽
천년 묵은 소리통 툭 터뜨려
순결한 성음으로 목청 가다듬고
지번 없는 빈곤의 뜨락 찾아드는
정결한 범종소리

바람처럼 불구덩이 뛰어들어
무형(無形)의 묵음으로 산화하고
자애롭고 성스러운 눈망울로 부활하여
경전처럼 울려 퍼지는
청동 파동의 금빛 소용돌이

동그마니
각(角)지고 돌출된 모서리 두드려
품성 고운 음파 만들고
온 세상에 평화의 타종으로 울려 퍼지는
파장 긴 맥놀이 함성

온후한 소릿결 걸러
성자(聖者)의 물레질로 직조하는
거룩한 장인(匠人)의 집.

이팝꽃

— 시나위 · 47

소쩍새 울음소리 암팡진 기슭
밥알처럼 송이송이 이팝꽃 피면
두루뭉술한 산속 할매 그립다
마냥 고프고 굶주려
목근 캐고 솔 껍질 벗겨
간신히 하루치 목구멍 트던 시절

금지옥엽 새끼들
허기져 누렇게 부황 든 모습
마냥 지켜볼 수 없어
할매는 칼바람 베며 산등성이 넘었단다

간신히 동냥으로 구걸한 한 끼니 밥술
꽁꽁 얼어붙을까 봐
앞섶 깊이 품어 안고
허겁지겁 등성이 되넘다가
철푸덕
그만, 눈밭에 나동그라졌단다

솔바람 에는 산길에
와르르 쏟아진 밥알
서럽도록 만삭인 눈송이에 섞여
이팝처럼 하얗게 울음꽃으로 피었단다

올해도
할매 엎어졌던 산자락
데굴데굴
눈 위 구르던 솔바람소리 온후해지고
봉긋한 무덤가 둘러
할매 넋인 듯, 울음인 듯
이팝꽃 흐드러지게 피었는데.

청보리 밭

바다가 비탈 차고 올라
앞산 머리채 잡고 요동쳤다
난파선 선두(船頭)에 피 고이고
그 피가 흘러 한 줌 보리를 키웠다

깊숙이 숨겨두었던
울음 한 자락 터져 나와
청보리 밭에서 자지러졌다
부서지고 마른 햇살 마냥 퍼내고
퍼내며 살아가던 시절
가슴속에 층층이 고이는 건 어머니고
어머니 같은 고향이었다

청보리 밭에서
괜히 늙은 어머니가 울고 있었다
괜히 푸른 고향이 울고 있었다
울음의 고랑으로 절절히
서러운 피눈물 흘러내렸다
바람소리 옹골찬 난파선에서
청보리가 한 뼘 키 늘이고
깜부기 터럭 끝에서
밀밀한 어둠이 벌겋게 타고 있었다.

숯

성자(聖者)로서 초연히 치르는
숭엄한 해탈의 다비식

세상 누군가를 위해
거침없이 불구덩이 들어가
제 몸 다 태우고 앙상한 뼈로 남는
숭엄한 영혼의 순절

불길 되살아나는 구덩이
눈 질끈 감고 다시 들어가
마지막 남은 뼈까지 소진하여 보시하는
존귀한 희생의 자비

평생 자식 걱정 달고 살았던
엄니 가슴이 저랬고
오랜 고난 짊어지고 살았던
아비 등짝이 저랬지

무한한 인고의 세월
언젠가, 나 또한 무념의 넋으로 살다
누군가를 위해
저리 불가마에 들어갈 날 오리니.

마라 강

생존과 사멸이 공존하는
자연의 대서사시
주검을 먹고 사는 강에
비장한 지축바람 불어온다

희망과 복락의 땅
세렝게티 초원 향한
수천 마리 얼룩말과 누 떼 대장정
질곡의 공포와 두려움 극복하고
생명을 건사해야 하는
숙연하고 냉혹한 강

첨벙첨벙
초식동물들이 강물로 뛰어들고
흉포한 악어 떼가 잔인하게 몸통 굴린다
물려 죽고 밟혀 죽고
빠져 죽고 지쳐 죽는 아비규환의 난장(亂場)
초원 저 멀리 어둠 깃들고
격동적인 물줄기 검붉게 물들 때까지
주검의 강은 피비린내로 처절한 장시를 쓴다

살기 위해서는
필연적인 숙명처럼
햇빛 따사롭고 풀빛 싱그러운
낙원 향해
목숨 걸고 건너야 하는 강

문득, 둘러보니
내 주위에 온통
거센 물살로 마라 강이 흐른다

시뻘겋다.

조장(鳥葬)
— 시나위 · 48

돌개바람 몰아치고
오색 천 휘날리는 고원
육신 버리고 영혼 하나 챙겨
왔던 길 되짚어 돌아가는 길
티베트에서는 맨몸도 무거워라
억겁의 죄 짊어졌던 고단한 생
도끼날에 저며 보시하고

이제, 바람이 되리라
허접한 살덩이 한 점도 욕심이러니
원죄로 얼룩진 생의 본능
훌훌 벗어던지고
그저 허허롭게 먼지처럼 날리리니

산마루에서
허공으로 솟구치는
독수리 날갯짓 따라
무념(無念)의 세계로 순례 떠나는
자유로운 영혼 하나

그처럼 날아가리라
그처럼 소멸하리라.

고쟁이

그것은, 눈부시게 빛나고
아름다운 숨구멍
치마 속 겹겹이
온몸 친친 감고 두르면서도
단속곳 깊이 살짝 뒷문 열어둔
조상의 해학적 지혜

아낙네들 내밀한 거기
가만히 바람 쏘이라고
시원히 볼일 보라고
은밀히 운우의 정 나누라고
살그머니 밑 터놓은 해방의 공간

전통적 인습으로 일상을 옭아맨
규범 어린 세상에서도
속옷 뒤트임은
우주 철리(哲理)를 담은
무한대의 자유

한없이 울림이 큰
피안(彼岸)으로의 혁명
구멍, 그것은.

아그니*

그곳에서
신성한 불은 결코 꺼지지 않는다
히말라야 영혼의 맑은 눈물 걸러
삶과 죽음을 척척 버무려 끌고 가는
장엄하고 시린 강
윤회의 염원 꽃 등불 띄워 보내고
해탈의 생은
화장터에서 활활 거센 불꽃 지핀다

천상으로 가는 계단
바라나시에 종소리 울리면
임종을 기다리는 수많은 죽음의 집들
한 줄기 여명으로 강둑 비추고
어둠에서 부화한 불씨 한 장은
열반의 화신되어 스스로를 전소한다

구도의 불길로 번뇌 사르고
마지막 안녕과 축복을 염원하는
어머니 강 갠지스
가난한 영혼들이 첨벙첨벙 강물 뛰어들어
세속의 오욕 씻어내고
더 가난한 영혼은 잿더미 뒤져 금니 찾는다

오늘, 순례자의 주홍빛 가사(袈裟) 걸친
길 잃은 영혼 하나
설산의 시린 영혼 불러들여
소름처럼 돋은 업보 닦아내며
신성한 아그니에 불꽃 한 점 점화한다.

* 아그니(Agni) : 고대 인도 베다신화에 등장하는 불의 신.

바람은 길을 묻지 않는다

살랑살랑
유년의 시간 안마당에서
연초록 풀내음 함북 젖어 뛰놀던 바람
맹렬히 구각(舊殼)난 생의 모서리 쪼아댄다
상처자국 벌건데 부리 끝 더욱 첨예하다
오래 닳은 연골에서 과즙 고갈되고
내 몸은 훨씬 더 헐렁해진다

바람은 길을 묻지 않는다
점점 등허리 휘어지는 세상에
오롯이 감각적인 촉수 세우고
제 길 달려갈 뿐
결코 초행길에도 머뭇대지 않는다

통증으로 쇠잔한 뼈마디 흥건히 적시며
바람의 행로 따라 예까지 달려왔다
가도 가도 붉은 황톳길에서
자욱이 흙먼지 일고
때로는 매섭게 진눈깨비 들이쳤다
바람 소쿠라져 발길 엇 놓이고
울퉁불퉁한 비포장도로는 되감기며 구불거렸다

막다른 외길에서도
바람은 결코 길을 묻지 않을 것이다
탈피하여 팽팽한 허공에 무형의 길을 내고
허위허위
산 넘고 물 건너며
고답(高踏)한 발걸음 부산해지고
야망 어린 눈망울 더욱 희번덕일 것이다

낡은 태엽 풀리듯
뉘엿뉘엿 해 기우는데
내일로 흐르는 여울목
조갈 들어 쩍쩍 등피 갈라진다
구겨진 길 모롱이에서
바람에 날려 버둥대는 생명체 하나
태양의 붉은 댕기 매듭지어 저녁 태우며
군자란처럼 벌겋게 열꽃 피운다.

창

바람의 타래 들머리 이고
기차 가고 자동차 간다
마른 햇살 우르르 몰려와 화물칸에 올라탄다
학교가 바삐 책장 넘기고
상점이 진열대에 장식된 젊은이들을 판다
장대한 기중기 깨금발로 서서
구름 속에 층층이 도시를 쌓고

도시 키다리 풍경들이
긴 목 빼들고 살그머니 내부 엿본다
불투명한 뒷문 유리창에서
창백한 산소호흡기 죽어가고
환자복이 표백제로 세탁된다

어둠이 까만 눈동자 부릅뜨고
휘황한 불야성(不夜城)의 덫 놓을 때
주룩주룩 뒷골목에 비 내리고
연미복으로 성장(盛裝)한 도시는
산산이 부서져 창으로 쓰러진다

바람과 기차와 자동차 멎고
영안실에 화안히 불 켜진다.

망월동

— 시나위 · 49

상석(床石) 없는 봉분에 진눈깨비 내리고
소지(燒紙)처럼 검붉은 울음이 탄다
누군가의 울음에 다른 울음 쌓이고
또 다른 누군가의 울음 겹쌓여
망월동 울음은 달동네처럼 높아지고
껍질 단단한 설움도 그만큼 높아지고

그때, 천둥과 먹구름은
차라리 꿈이었어라
한순간 가위눌린 질곡의 꿈이었어라

괴나리봇짐조차 챙기지 못하고
허위허위 떠나온 멀고 긴 여정(旅程)
노자 없어 기차도 배도 타지 못하고
망연히 흥타령 한 곡조 흥얼거리며
터덜터덜 넘어가는 북망고개

길섶에 하얀 망초꽃 피고
잿빛 구름 나직이 비 뿌리는데,
육자배기 시김새 아무리 서러워도
그곳에선 절대 군홧발 소리 쿵쾅대지 않길
다시는 망월동이 달 바라기 하지 않길.

정어리 떼

…… 어이할거나

무지막지한 포식자에 맞서는
처절하고 장엄한
바다의 포효

살아남기 위해
똘똘 무리 지어
극한으로 생을 사르는
저 참혹한 절명의 춤사위.

3

한지

한지는 껍질들의 위대한 혁명이다
알맹이를 만들기 위한 껍질의 혁명이고
껍질로 살아온 백의(白衣)의 혁명이다.

내일, 그리고 희망

한여름 날
푸른 바람 음표로 나부끼는
플라타너스 그늘에서
오순도순
고누* 두는 아이들

상대방 말 따려다
올 성근 삼베잠방이
가랑이에서
툭 불거지는

불그데데한
대추알 두 쪽.

* 고누 : 땅에 말밭을 그려 상대의 말을 따며 승부를 겨루는 아이들의 놀이.

한산세모시

모시에서 검붉은 울음이 탄다
바짝 마른 울음이 실올 살라
여름 태우고
아낙의 한숨 태운다

모시의 고향은 여인 허벅지다
인고와 통한의 시간으로
침 발라 비벼대는 허벅지에서
골 깊은 한숨은 아릿한 문명이 되고
손끝 잦아지게 쪼개고 삼은 실올은
갓난아이 울음처럼 모시로 탄생한다

한산세모시는
절묘한 음양의 조화다
태모시 만들기부터 모시 짜기까지
피륙을 마름질하여 빚어낸
백옥처럼 희고 정결한 순수의 결정체
통풍 차단한 움집에서
베틀에 앉아 삶을 직조할 때
북은 날실과 씨실 음양으로 엮고
아낙의 설움 올올이 소리장단에 저며든다

한산세모시는
지독한 가난의 산물이다
먹고살 길 막막한 촌구석으로 시집와
모진 세월 연명하기 위해
한생을 풀 먹이고 다스려온 삶의 가닥들
섬세하고 단아한 천연 옷감에선
아낙의 통절한 회한이 하얗게 물결친다

여인 허벅지에 검버섯 슨 날
투명한 날개 지닌 잠자리 한 마리
모시옷 앉아
바지런한 날갯짓으로
아낙의 울음소릴 말리고 있다.

■ 일천만 원 고료 문학대상 당선작 · 1

동래한량 춤

— 시나위 · 50

세월 묵은 기와 골에 이끼 돋아
고색창연한 서원
봄이 물컹이는 마당에서
삼현육각 신바람일세

곧추 죽어도
기생집 울타리 밑에서 죽는다는
동래 한량
호방하고 선 굵은 허튼춤 한 장단에
노랑나비 한 쌍도 팔랑팔랑 춤을 추네

간지러운 봄바람에 실린
염정에 취하여
즉흥적으로 내놓는 흥겨운 춤사위
접었다 펴는 부채 선 따라
굿거리는 나긋나긋 봄꽃으로 한들거리고
세마치는 낭창낭창 능수버들로 살랑대고

벼슬도 마다하고
바람처럼 물처럼 흘러 사는 인생
기생 후리듯 봄날 후리며
한량이 덩실거리니 나도 덩실거리네.

소고춤 · 2

— 시나위 · 51

발그레한 빛살 한 줌
굿마당에 풀어놓고
오동통한 사물장단에 흥을 싣는
장쾌한 곡선의 춤사위
내고 닫고 맺고 풀며
덩실덩실
신명 한 덩이 소고로 자아내어
화산처럼 터뜨리는 격동 어린 몸짓

하 많은 날 응어리진
애절한 사연 연풍대로 삭여내고
통절한 애환 자반뒤집기로 분출하며
굿거리는 학처럼 날개 치고
자진모리는 저어새처럼 날개 치고
휘모리는 왜가리처럼 날개 치고
지축 울리는 놀림으로 돌고 돌아
창공에 날리는 바람의 춤사위

검붉은 혈맥에서 용솟음치며
환희의 빛살로 격동 치는
거대한 풍랑, 저것은
영원한 불꽃의 유열(遺烈)이어라.

진다리 붓

묵은 벼루에 먹 가니
멀리서 눈길 헤쳐 온 고절한 선비
백옥 같은 화선지 펼치고
붓 끝 골고루 먹물 찍는다

평생 올곧이 한 길 지키며
외골수로 살아온 장인
고집스럽고 거룩한 혼이
정심(貞心)으로 붓끝 곧추세우고
부르튼 손마디가
아흔아홉 번이나 어루만져서야
비로소 완성되는 진귀한 명품

먹물 그윽이 배어들어 담론(談論)을 빚고
자루 꼿꼿이 곤두서 불굴의 정신 빚는
광주 진다리 붓

옛 선비들은
문방사우를 늘 곁에 두고
삶의 반려로 삼았다는데
바짝 마른 채 갑(匣)에 갇혀
명줄 끊긴 오늘의 붓들.

황혼

차가운 밤하늘
어둠 내몰며 은하로 흐르던
상처 난 별들
사선(斜線)으로 떨어진다

풀숲과 모래 벌 뒤져
찾아낸 별 조각
구들장 따뜻한 아랫목
정성스레 펼쳐놓고
부스러진 문양 맞춘다

어느 별은 가슴 멍들고
어느 별은 삭신 뭉개지고
어느 별은 정신 망가졌다

다시 밤들고
예전처럼 은하 흐르는데
떨어진 별자리
반짝반짝
어느새, 새 별 들어서 빛난다.

줄광대놀음

— 시나위 · 52

광대가 줄을 탄다
날라리로 성근 바람 불러 모으고
부챗살로 목화구름 한 점 떠서
발림으로 어름 타는 광대
줄광대는 공중에다 세상을 펼쳐놓고
어릿광대는 땅 위에다 세상을 펼쳐놓고
녹슨 생의 마디마다 점액질 덧칠한다

광대가 줄을 탄다
땅에서는 어찌해 볼 수 없는 세상
설움과 응어리 솔기마다 공중에 펼쳐
높이 뛰고 걸터앉고 뒤로 걷고 드러누우며
풍자와 해학으로 꼬집고
소리와 재담으로 희롱하여 질타한다

광대가 줄을 탄다
장구 해금 피리 한 음계로 어우러져
타락한 권력과 지배계층 익살로 꼬집을 때면
세상은 줄 위에서 폭소(爆笑)가 되고
광대는 낭창대는 허공 박차 올라
숙명처럼 짊어져온 회한을 정화한다

광대가 줄을 탄다
줄타기는 중(中)을 타는 일이다
경사진 한쪽으로 기울지 않고
무상한 인생길 무심으로 중을 타면
삭막하고 각박한 세상에 녹색바람 흐르고
광대는 줄 위에서 민중의 횃불이 된다.

한지

그것은 긴 숨으로 시간을 짓는 일이다
시간에 땀방울 버무려 정성을 짓는 일이다
정성에 영혼 곁들여 문명을 짓는 일이다
겨우내 흔들리며 버둥버둥 살아온
닥나무 눈물 긁어모아
두껍고 질기게
문명의 옷을 입히는 일이다

수면 흔들어 물결 만들고
물결이 섬유질로 문명이 되기까지
무한히 섬세한 손길 머물러서야
비로소 껍질은 오롯이 눈부신 빛으로 진화한다
한지는 껍질들의 위대한 혁명이다
알맹이를 만들기 위한 껍질의 혁명이고
껍질로 살아온 백의(白衣)의 혁명이다

껍질들이 바람 앞에 선다
찬란한 알맹이로 부화하기 위해
살을 에는 혹독한 벌판에서
처절히 제 몸 단련하려
웅크리고 버둥거리며
또다시 문명의 이름으로 흔들린다.

■ 일천만 원 고료 문학대상 당선작 · 2

나목(裸木)

충만에서 비움으로 이행하는
초탈한 선각자

다시 완벽히 빈 몸이다

초록이 머물다 간 자리
무채색 바람 한 점 대롱거리고

북풍에 살점 에이고도
하강하는 눈망울 그윽하다

끝인 듯,
끝이 아닌
저 은빛 부활의 돌기(突起)들.

무주 할매

시상에, 뭐 볼 거 있다고 이 숭악헌 산골까지 왔당가 여긴 시상이 온통 산 천지여 산이 산 타고 넘다가 산속에 엎어져 뒤웅박 된 동네여 여기선 젤 흔한 게 산이고 젤 귀한 게 사람이제 열일곱에 여기로 시집왔당게 산을 수없이 넘음서 그냥 벼랑으로 꼬꾸라져 버렸으면도 혔지 열 살이나 많은 신랑였어 그날 첨으로 얼굴 봤당게 하룻밤 자고 나서 그냥 살만하다 싶어 눌러앉았제 그 영감태기 지금 저기 안방 사진가꾸 속에서 날 보고 있잖여

올해 몇 살이냐고? 글씨 시상에서 날밤처럼 무서운 게 없는 법여 나이 예순에 영감 앞서 보냈제 그리고 서른 해를 혼자 바득바득 살았응게 인자 여든 남짓한가베 자식들은 다 대처로 나가 살고 있고 잉? 그러면 나이가 아흔이어야 맞는다고? 어매 그러코롬 벌써 징허게 늙어버렸네 참말로 나팔꽃 같던 시절이 엊그제 같은디

그려도 지나봉께 영감이 제일이여 술 처마시면 가끔 웬수같이 주먹질 헐 때도 있었제 그려도 하룻밤 자고 나면 시상이 봄눈 같았어 암만 나쁜 영감도 자식보다 나은 법이여 자식이 아무리 흠없이 잘 혀도 영감 반도 따라가지 못혀 그려서 지금도 날 새면 콩밭 매고 와설랑 저기 영감 한 번 바라봄서 밥 먹고 깨밭 매고 와설랑 또 영감 한 번 바라봄서 잠들고 그럼서 살제

아따 뭘 그리 숭허게 꼬치꼬치 묻는디야 인자 곧 해 지는디 거시기 혀서 얼릉 내려가더라고 산속 밤은 늑대 같고 어둠은 도둑괭이 같은 거여 감시롱 천천히 콩 까먹으면서 가랑게 내가 맨날 비탈에 엎어져 맨든 곡식이여 한 톨 한 톨이 다 피멍이고 피땀이랑게 근디 참말로 시상에 뭐 볼 거 있다고 이 숭악헌 산골까지 왔당가.

낙화

건듯 부는 꽃샘바람에
툭, 목련 한 송이 진다

하늘도 때로는
메마른 가슴일 때 있어
호수를 들어올리고
바다를 끌어올리고
종래 그게 무거워져
천둥 번개에 장대비 실어 보내노니

저 빗줄기처럼
내림은 곧 오르는 것
떨어짐은 또 다른 내림을 위해
하늘로 오르는 것
떨어지기 위해 기 쓰고 오르는
뭇 세상의 것들

떨어짐은 굉장한 축제다

또 한 송이 목련이 진다
참, 아름답다.

낙엽

떨어짐은 결코 아픔이 아니다
흩날림은 결코 슬픔이 아니다
상록(常綠)의 숨결로 바람 굴리고
담록(淡綠)의 피톨로 세상 물들이다
팔랑팔랑
절정의 정수리에서 가만가만 내려와
먼 길 떠나는 저것은

때로는 진눈깨비에 젖고
때로는 비바람에 휘말리면서도
온몸에 생의 보금자리 성좌처럼 펼치고
햇살을 한 땀 한 땀 조적(組積)해 온 세월
삭풍에 날려 거룩히 순절하고
기꺼이 다른 생명체의 자양분이 되는 저것은

자애로운 성자의 현신이러니
고절한 선비의 표상이러니

언젠가 저리 살리라
언젠가 저리 떠나리라
한 잎 낙엽으로 떨어지고 흩날리며.

분화구

서럽고 고된 생애
아린 통증 억누르고
폭풍우 속에 억만년 살지만
종래, 도진 상처 멍울로 불거져
응어리진 핏덩이
울컥울컥 토혈한다

검붉게 숙성된 염원
서리서리 봉오리 져
무한대의 시공 뚫고
절명의 숨결로 솟구치는
저토록 우렁찬 화염의 불꽃.

고비사막

혹독하던 빙하가 결을 푼 자리
초원엔 극한의 주검 널브러지고
부윰한 적막 융성한다

모래성은 바람의 혼 불러
경사면에 기하학(幾何學)을 조각하고
사막의 꼬리 긴 시간들 예로 몰려와 머문다

황량하기에 더욱 거친 구릉(丘陵)
모래바람 무리지어 편서풍 따라 떠나고
비로소, 목 짧은 풀잎이 햇살을 회유하지만
야생의 숨결은 여전히 고달프다

이정표 없는 사막에서도
유목민은 결코 길을 잃지 않는데
지평면 걷던 내 삶의 족적은
일상에서조차 방황하다 선인장 가시에 꿰인다

하지만, 언젠가
난삽하고 움푹한 내 발자국에도
젓살 같은 소낙비 내리고
검독수리 날던 하늘에 무지개 떠오르리라.

먹이사슬

망망대해
거친 파도더미 헤치고
플랑크톤은 멸치에게 잡아먹히고
멸치는 정어리에게 잡아먹히고
정어리는 펭귄에게 잡아먹히고
펭귄은 바다사자에게 잡아먹히고
바다사자는 고래에게 잡아먹히고
고래는 종래 사람에게 잡아먹히고

광막한 벌판
세찬 바람결 헤치고
애벌레는 잠자리에게 잡아먹히고
잠자리는 사마귀에게 잡아먹히고
사마귀는 개구리에게 잡아먹히고
개구리는 도마뱀에게 잡아먹히고
도마뱀은 황조롱이에게 잡아먹히고
황조롱이는 종래 사람에게 잡아먹히고

고래도 잡아먹고
황조롱이도 잡아먹고
종래는 사람까지 잡아먹는
참으로 무서운 사람들.

4

맨드라미

오늘도

미친 듯 풀밭 뛰어다니며

울컥울컥

새빨간 핏덩이 각혈한다.

사랑에 대한 논증

오늘에 이르러서야
사랑은
어린애 소꿉놀이라는

이 청순하고 명백한
논증의 화선지에
꽝— 하고
낙관을 찍었다

갈팡질팡
평생 헤맸다.

우수(雨水)

단비 내리고
매화 벙근다

참, 향긋하다

가물가물 아슴한 임
겨우내
그리움 번져간 외길 따라
꽃차 타고 오시겠다.

장미꽃

이를 어이할꼬

뜨겁고 가쁜 숨결로
농염한 사랑의 전율 갈구하다
독가시에 심장 찔려
철철 피 흘리는

저 애절한 적화(赤花) 한 잎.

국화의 변명

밤이슬 차가운 길섶
외로운 황국화

허전한 맘 달래려고
나비도 안고
꿀벌도 안고

스쳐가는 바람
의혹의 눈길 보내니
암내 풍겼지만
유혹은 아니라네

바람 탓이라네.

맨드라미

격렬히 타올랐다
처절히 절규했다

선홍빛으로 타드는 애증의 불덩이
너무도 뜨겁고 고통스러워

새벽이슬에 화관 씻고
저녁 바람에 열꽃 식히지만

화염처럼 일렁이는 연모의 진액
심장에서 펄펄 들끓어

오늘도
미친 듯 풀밭 뛰어다니며
울컥울컥
새빨간 핏덩이 각혈한다.

풀꽃 사랑

드높은 대궁마다 색색으로 꽃등 매단
화창한 봄날
찬란하고 화려한 꽃빛에 홀려
매양 허공 바라보며 찬탄하던 어느 날
툭, 꽃잎 떨어진 자리에 돋아난
앙증맞은 풀꽃 향기
있는 듯 없는 듯 겸허히 자리하고
묵묵히 바람 맞는 작은 꽃송이

언젠가, 당신이 내 안에 들어와
가만가만 피워낸 사랑도
허공의 휘황하고 찬연한 꽃 아닌
풀꽃처럼 잔잔하고 은은한 것
은근하면서도 향기로운 것

나 이제 탐스럽고 현란한 꽃송이 따라
무심코 허공에 던지던 관성의 눈길 거두고
찻잔 속 그윽한 꽃차 마시듯
길섶에 핀 작고 애잔하며 온유한 풀꽃
그 온화한 색깔과 향기를 음미하리니
은연중에 배어드는 사랑을 사랑하리니.

안개꽃

하 많은 날 당신 그리워
무시로 달려갔지요

화사한 꽃다발에 안겨
간곡히 눈길 원했지만
당신이 항시 바라보고 향기 맡는 건
새빨간 장미고 샛노란 국화였지요

언제나
꾸밈 역할은 서러웠고
얹힌 자리는 아팠지요

하지만,
구태여 원망하진 않을래요
당신을 사랑하고 바라보는 것만으로도
이미 내 가슴은 터질 듯 부푸니까요

언제쯤이면 당신이
원색의 큼직하고 화려한 꽃에서 벗어나
그윽이 날 바라보며
소담한 내 꽃술을 주목하고
은은한 내 향기에 흠뻑 취할까요.

느림 우체통

별살 따사로운 청산도 돌담길
한적히 거닐다가
불현듯 그대 그리워
큼직한 단풍잎 주워 연서 썼지요

행간 눅눅한 사연
해맞이길 부신 햇살에 쪼이고
선창길 신선한 해풍에 말리고
들국화길 향긋한 꽃내음에 되작이고
길섶에 돋아난 애틋한 섬 얘기 묶어

일 년 뒤에나 배달된다는
느림 우체통
빠알간 색깔이
젊었을 적 우리 열정 같았지요

한평생 가쁜 숨결로 달려온 외길
결코, 지름길만이 능사는 아니었지요
단풍연서 배달될 때쯤이면
한창 피어오르다 가끔씩 해찰하던 우리 사랑도
느리게 여무는 산열매처럼
단물 든 과즙 듬뿍 고이겠지요.

호박꽃

시골길에서 우연히
담장에 핀
호박꽃 한 송이 만났네

예전, 순이네 집 토담 위
청순한 순이 닮은 꽃

날 볼 적마다 그녀
다소곳이 눈망울 내려뜨고
봉숭아처럼 목덜미 붉어져
은근슬쩍 수줍은 미소
호박꽃같이 순박했는데,

난데없이 날아든 호박벌 한 마리
이리저리 꽃술마다 내려앉아
노오란 꽃가루 둘러쓰고
난봉꾼처럼 패악질이네.

봄바람 · 1

봄바람 살랑대는
단옷날
춘향이가 광한루에서 그네 뛴다
꽃향 들큼한 화원에
갑사댕기 하늘거리고
다홍치마 팔랑팔랑 꽃바람에 날린다

달빛 잘게 부서지는
하얀 밤
비록, 사또 수청 거절하다
귀신형용 쑥대머리 된다 한들
유채꽃밭 뛰놀듯
오늘밤은 네 방구석 돌며
이몽룡이 밤새도록 어부바하잔다.

봄바람 · 2

길섶에서 아름아름
꽃향기 풍겨오는 봄날
곱게 굽이진 토담 길 따라
똬리 끈 잘근 입에 물고
물동이 이고 가는 향단이

야단났다
수양버들 가는 허리 실룩대고
토실한 엉덩이 사방으로 요동친다
짐짓 지게 지고 뒤따르던
방자 녀석
괜스레 지겟다리 두드리며
힐끔힐끔 청보리 밭 엿본다

한 아름
보리대궁 드러누운 밭에서
포로롱
종달새 한 쌍 창공으로 날아오른다.

봄바람 · 3

달빛 점점이 젖어드는 밤
꽃향 살랑대는 대청마루에서
천하절색 황진이 가야금 탄다

가락마다 그윽이 시화로 돋아나고
시화마다 흥겨이 가락으로 피어나고
그것들이 종래 집안 가득 꽃무리로 흩날린다

주안상 가만히 한켠으로 밀치고
서경덕이 큼지막한 붓 들어
명주 치맛자락 펼치고
단숨에 연시(戀詩) 한 수 써 내린다

달콤하고 농밀한 밤엔
달빛마저 눈부신 꽃밭 되어
짐승처럼 본능적인 욕망 들끓고
거친 맥박 뜨겁게 차올라도
입자 촘촘한 밤은 쉬 묽어지지 않는다.

동백꽃

아침 햇살 한 무더기
징검다리 건너듯 건성건성 기웃대다
종종걸음으로 사라지고
인적 없이 바람소리만 옹골찬 골목
낡은 함석집 담장에 핀
동백 한 송이 붉은 꽃술에
달큼한 향기 한 아름이다

아직, 벌 나비 날갯짓 없지만
골목엔 벌써 봄소식 왁자하다

내 생에도
꽃대같이 화사한 봄날 있었는데
동백 꽃잎처럼 붉었던가
동백 꽃술처럼 향기로웠던가

골목 안쪽 새로 지은 이층 양옥집
교만한 고갯짓으로 내려 보지만
동백은 기죽지 않고
꽃잎 펼쳐 붉은 향기 내뿜으며
언젠가 날아올 벌 나비 기다린다.

달맞이꽃

진눈깨비 흩날리는 세상에
상처 없는 영혼 어디 있으랴

적막한 뜨락에 비바람 불고
사랑의 상처 멍울로 도져
대낮에는 잔뜩 움츠리고
한밤에야 비로소 가만히 몸 열어
달 바라기로 하염없이 임 그리는
애절한 꽃송이

바람 드센 세상에
고통 없는 영혼 어디 있으랴

검은 화선지에
은빛 꽃가루 한 아름 뿌려두고
멀리 가는 향기 머금어
노오랗게 꽃 등불 밝혀보지만
종래 임은 소식 없고
새벽이슬 젖어 오들오들 떠는
가련한 꽃송이

오로지 절절한 하나의 사랑 위해
헐거워진 감각기관 옥죄고
아린 세월 골짝에 서서
임 향한 연정에 온몸 경련하는
한 송이 순결한 달맞이꽃.

그리움이라는 것

산이 저리 황망히 눈시울 붉히고 산을 넘는 것은 산 너머에 그토록 그리운 것이 있기에 끈질기게 나래 펴고 들붙어 뼛골 쑤시고 창자 짓이기고 심장 파먹으며 그러다가 종래는 독한 벌레처럼 생각까지 먹어치우며 비틀리고 휘청거리게 했던 것
그을음같이 칙칙한 그것이 그리워 유년의 여린 마디를 먹어치우고도 무럭무럭 자라나 때로 검붉게 시어져 터지고 때로 검푸르게 멍울져 아린 통증들 그것이 그리워 허위허위 산이 산을 타고 넘어가는 것이거니

꼴깍 넘어가는 숨으로 고개 올라 준령 넘고 결국 넘어온 산이 넘어갈 산을 뱀처럼 휘감고 저리 비장하게 육자배기로 살풀이춤 추어대는 것이거니 하얀 명주 훨훨 날리며 서늘하게 살(煞)의 거품 뱉어내는 것이거니
흘러가는 것은 멈추지 않는 것 그것은 멈춤의 기능 잃은 것 멈춤의 기억 잃은 것 그래서 흘러야 비로소 살아남는 것이거니 산 너머 유년의 뜰에서 아리게 솜털 적셔온 것도 그런 것일지니

흐르면 멀어지는 것 멀어지면 볼 수 없는 것 보지 못하면 지워지는 것 지워지면 잊혔다가 불시에 망령처럼 되살아나는 것 눈비 올 때마다 은연중 들붙어서 앙금 되고 얼룩 되는 것

그러기에 내 유년의 뜰은 흘러가는 것이 서러워 저리도 산 너머 길섶에서 풀벌레 울고 저리도 산 너머 무논에서 맹꽁이 울고 울다 울다가 지쳐서 입안에 혓바늘 돋아 먹지도 마시지도 못하고 산을 넘어가지도 되돌아오지도 못하고 그래서 산이 산을 끌어안고 서럽게 울음만 터뜨리는 거기

거기서 어린 날의 혓바닥은 도마뱀처럼 자꾸만 붉어지고 거기서 젊은 날의 혓바닥은 두꺼비처럼 자꾸만 길어지고

솜털 보송보송한 그리운 것들이 무심히 흘러가고 흘러가서 사라지고 사라져서 들쑤시는 것들 그것 때문에 저처럼 애타게 산이 산을 넘어가고 있거니 그리고 그 산의 칠 부 능선쯤 어디에서 나는 이처럼 맥 놓고 물컹하게 울고 있거니

울음의 고랑으로 뭉툭한 벼랑이 쏟아지고 바람 세찬 벼랑의 계곡에 임계점 너머의 그리움이 매몰돼 오늘도 저토록 산이 애타게 뒤척이며 통곡하건만 저토록 몸부림치며 목 놓아 절규하건만.

아이

아이는 예쁘다
아이여서 예쁘다
아이니까 예쁘다

아이일수록 더 예쁘다.

5

서울, 지하철 2호선

한 생을 돌고 돌아

결국 제자리로 돌아오고 마는

서울, 지하철 2호선

그리고 오늘 마지막 기차의 경적소리.

물레방아

외딴 산골 뒤안길에서
흥겨이 방아타령 흥얼대며
동글동글 연둣빛 세상 빚다가
눈썹달 기우는 이슥한 밤이면
홀아비와 과수댁 낯 뜨거운 장면
못 본 척 돌아앉아
은빛 장막으로 가려주던 그대

이끼 낀 세월 내려앉은 산골
동네 사람 뿔뿔이 떠나가고
물길 끊겨 맥없이 헛바람만 굴리다가
도시 번화가 음식점 귀퉁이로 팔려와
엇나간 박자로 엿가위장단 쳐대는
처량한 각설이 신세

꾸부정한 잔등에 물소리 싣고
수도승 탑돌이처럼 빙빙 돌아대다
격한 숨소리 멱까지 차올라
느릅나무 껍질같이
꺼억 꺽 비명 내지르는
가여운 물레방아 인생.

내 나이가 어때서

모처럼 설악산 나들이 가는데
음치 사촌인 친구 녀석
심심하다 싶으면 냅다 불러 제치는 노래
'내 나이가 어때서'
귀청 얼얼한데

흔들바위 가는 길
산중턱 주막 들러 잠시 숨 고를 때
산에서 내려오던 아줌마 한 무리
동동주에 파전 시키더니
냅다 합창으로 불러 제치는 노래
'내 나이가 어때서'

집에 돌아와
전국노래자랑 시청하는데
팔순 노인네 청승맞게 부르는 노래도
유치원 꼬마 천연덕스레 부르는 노래도
'내 나이가 어때서'

그래 정말,
내 나이가 어때서.

눈

저 목화솜 같은
순백의 꽃무리

할머니 비손하던 뒤란
초록별 뜬 정화수처럼
말갛고 정결한 순수의 결정(結晶)

할머니
속절없이 뒷산에 마실 가시던 해
소복소복
눈 쌓인 장독대

행여,
다가서면 부정 탈라
힐끔힐끔
멀찍이서 엿보네.

그것에 대한 소고(小考)

그것은 늘 무형의 형상으로 존재한다
은연히 젖어들어 망울지고
망울져서 안개꽃처럼 순수하고
순수하여 첫눈처럼 슬프고
슬퍼서 첫 연정처럼 고귀하다
아득히 가물거리는 추억의 한 단상처럼
그것의 구도는 은일하고
은일하기에 신비로운 것이다
그것 앞에서 나는 옷깃 여미고
감정과 의식과 상념을 절제하고
진하게 농축된 비탄의 정회 억누른다
일상 저변 깊숙이에서 격렬히 파동 치며
마음 건드리고 상처 건드리고
종래 응어리로 굳어져 돌출한 것
그것은 해묵은 아픔의 잔해이고
탈색한 설렘의 조각이고
부식된 비통의 산물이다
여태껏 부력(浮力)처럼 떠서 생의 주기를 순환했기에
꺼내지도 못하고 통제하지도 못하여
그냥 꾹꾹 눌러 담아둘 수밖에 없었던 울혈들
그것은 생의 응달에서 은연히 파생된

정체의 본질이자 자존의 분신 되어
치유하기 어려운 상처 되고
이젠 구태여 따로 떼어낼 필요도 없이
주검까지 동행할 수밖에 없는 숙명적인 것
나는 오늘도 애물단지 같은 그것의 환영에 잠겨
시퍼런 비애의 칼날에 심장을 베인다.

그와 나

예전에 그와 나는 같은 직장에 근무했다
학도호국단 출신으로 선배 기수인
그는 대위로 전역했고 나는 중위로 전역했다
그는 윤리선생이고 나는 국어선생이었다
대머리 번쩍이던 무단정권 시절
그는 정권 옹호하고 나는 정권 비판했다
비판 언성 까칠해지면 그는 전화기 들었다
정보부라고도 하고 경찰서라고도 했다
신고한다고 했지만 신고하지는 않았다

민주화 물결 거세게 몰아쳤다
도처에서 무시로 시위대가 보행(步行)을 막았다
민주화 부작용과 적폐가 도마에 오를 때마다
그는 또 열렬히 옹호하고 나는 또 열렬히 비판했다
어느 결엔가, 그는 한 점 의혹 없는 민주투사로 환치되었다

칠판을 등진 지금
그는 억척스레 관변 언저리에서
떡고물 챙기고
나는 억척스레 개도 쳐다보지 않는
엉터리 시 쓴다.

산

산이 거기서
짙푸른 눈망울 치뜨고
날 내려다보며
준엄하게 꾸짖는다

넌 단 한 번이라도
깔딱거리는 숨결로
이 고갤 넘어봤냐고

이 고개 넘어보고
그리 삶을 얘기하냐고.

불두화(佛頭花)

손님, 지금 여기 계시면 안 되는데요 이제 세속 떠나 영업을 접었거든요 전 지금 속세 인연 끊고 수행 중에 있지요 묵상하고 법문 염송하고 목탁도 치면서 그리 지내지요 불가 인연 따라 사찰에 왔다가 복덕 입어 부처님 꽃 되었지요 매일 경전 한 구절씩 중생 가슴에 새겨두고 맑게 피어나길 염원하고 있지요

참으로 고된 수련이었지요 부처님 말씀대로 물심(物心)의 모든 현상이 변천하는 근원을 자각(自覺)하고 윤회하는 삶의 원리를 체득하고 있지요 존재의 무상함을 깨닫고 성불하기 위해 욕망부터 지우기 시작했지요 은혜와 베풂으로 심신을 정화하고 맑게 구도의 꽃을 피웠고요 꽃술 퇴화시켜 무성화(無性花)하고 과감히 향기까지 지웠지요 번식력을 상실한 내겐 이제 벌 나비도 날아들지 않고 열매도 열리지 않지요 피나는 각고의 수행으로 겨우 부처님 곁에 한발 다가서게 된 거지요

헌데, 어인 일인지요 세상이 온통 사막처럼 황량해지고 저만의 영달을 위한 탈각된 욕망들이 홍수처럼 범람하네요 갈수록 합리주의와 공동체 의식은 실종되고 개인주의만 더욱 팽배해지네요 불건전한 사행(射倖)도 이미 정도를 넘어섰고요 이젠 심지어 수행 깊은 스님들조차 일상으로 돈과 명예를 탐하고 술판 벌이며 노름까지 서슴지 않네요 제 면벽수도와 기원이 가일층 치열하고 가혹해져야 하는 연유지요

손님, 아직도 미적거리며 머물러 계시네요 이제 저는 아무리 털어도 목탁 소리밖에 드릴 게 없는데 이왕 오신 김에 세속 욕망 거두고 저와 같이 금강경이나 한 구절 염송하시지요

나무관세음보살.

고구마 순

고구마 순을 벗긴다
길거리 할매 안쓰러워 사왔다는
한 무더기 생의 타래
줄기마다 등골 휘어져 살아왔을
노인네 고단한 숨결 가쁘고
뿌연 속살에 박힌 상처 자국 선연하다

고구마 순에서 쇠스랑소리 들려온다
막걸리 한잔 거나하게 걸치고
황토 밭두렁 따라가며 쇠스랑 질하던 아비
씨알 굵은 고구마 줄기에 신바람 나서
모야 윷이야 우렁우렁 외치던 아련한 정경

밭에 차갑게 별자리 돋고
밤이슬 축축이 젖어
어둠에 가만가만 잔등 묻혀갈 때
휑하니 부는 서늘한 바람
밭이랑에 한 됫박 무서리 흩뿌려댔다

고구마 순을 벗긴다
아비 고된 생이 줄줄이 벗겨진다
드러나는 속살의 멍 자국 눈부시다.

희망 한 잎

감각적이고 본능적인 뒷골목에서 희망 한 잎 산다
무심코 지나친 길 터벅터벅 되돌아와 율곡선생을 판다
명당점이라고 붉은 글씨 내걸린 길거리 가게
불경스럽게 꼬깃꼬깃 접은 율곡선생 던져주고
겨우 선생 눈썹만 한 다섯 줄 숫자를 산다
거만한 놈들 빌딩에서 으스대는 게 아니꼽고
으스대는 놈들 외제차 타고 거들먹거리는 게 거슬려
일등 당첨 네 번이나 했다는 가게 줄서서
희망 없는 희망 한 잎 산다
예전에 강남 호밀밭 날려버리고
번화가 지하상가도 날려버리고
가늘고 가늘게 살아야 했던 날들
아버지 원망스러워
아버지가 명줄처럼 마지막까지 부여잡았던
아버지 흉내 내어 희망 한 잎 산다
거룩한 위인 팔아 천박한 숫자를 산다
어둠 깔리는 길거리에서
질척거리는 뒷골목에서
금세 허망하게 가랑잎처럼 부스러질 줄 알면서도
모래바람 들이치는 각박한 세상살이
너무도 가슴 시리고 들쑤셔
길거리 떠돌며 절망을 희망처럼 산다.

개밥 줄 때와 돼지밥 줄 때

어느 문학행사 뒤풀이자리
우연히 마주 앉은 시인
수인사 나누다보니 동갑내기라네
고향이 지척이고 군대훈련 동기에다
내 친구 결혼 때 사회도 보았다는데
주민증 생년월일까지 판박이였네

형 아우 가리려니
불분명한 출생 시간이 문제였네
온 동네에 시계 하나 없던 시절
나는 개밥 줄 때 나왔다는데
그는 돼지밥 줄 때 나왔다네
서로 자기 가축 밥 먼저 먹었다고
개돼지 편들어 개돼지처럼 다투었네

다른 자리에서는
일부러 나잇살 뭉텅뭉텅 잘라내면서도
서로 형님 되려고
나는 개와 주인의 정분 내세우고
그는 돼지의 재산가치 주장하고
멍멍거리고 꿀꿀대며
자기 가축 예찬으로 개돼지 꼴 되었네

서로 간 팽팽한 주장으로
도무지 서열순위 가릴 길 없는데
문득 돌아보니
바람 부는 언덕배기 올라
망연히 붉게 타드는 저녁놀 바라보며
그는 돼지처럼 꿀꿀거리며 살아가고
나는 개처럼 발발거리며 살아가네.

색깔들의 논쟁

빨강 : 무작정 다 퍼주는 거 그거는 표 얻을라꼬 좌파들이 허는 전형적 꼼수 아입니꺼

파랑 : 여기서 왜 파 얘기가 나오능교 우파는 맨날 표 얻을라꼬 볼썽 사난 짓거리만 해싸터만 아그들한테 주던 밥을 그러믄 안 되지예

빨강 : 그라몬 이건희 손자한테도 국민세금으로 막 퍼 먹이자는 말잉교

파랑 : 어떤 아그든 주던 밥을 안 주몬 안 되는 거 아입니꺼 주던 거 뺏으몬 소도 응등이에 뿔난다 아입니꺼

빨강 : 아따 지금 급식 때매 학교는 보수공사도 못 허고 교육자재도 구입 못 허고 있잖응교 무상급식 때매 학교가 다 개떡됐심더

파랑 : 그려도 지금까지 주던 식판 매몰차게 뺏는 건 아니제 아그들이 학교 가서 평등허게 나랏밥 먹는 거도 다 교육의 일환인기라

빨강 : 뺏는 게 아니라 못 사는 아그들은 그냥 먹이고 먹고 살만한 아그들은 급식비 걷어 못 사는 아그들 더 지원해준다 아닝교

파랑 : 그 지원해준다는 거 이미 교육청에서 대부분 시행허고 있다는데 그 거허고 또 중복되는 사업할라꼬예

빨강 : 허참 중복 안 되게 사전에 조치허믄 되지예 아그들이 학교 가는 건 공부하러 가는 거지 밥 묵을라꼬 가는 거 아니지 않능교

파랑 : 밥 묵는 거도 다 훌륭한 교육활동인기라 밥도 열심히 먹고 공부도 열심히 허고 그러면 좋은 거 아닝교

빨강 : 생각 있으먼 좀 생각해 보소 인자는 보편적 복지 확 들어내고 선별적 복지로 가야 헐 땐기라

파랑 : 그래도 가능하몬 계속 보편적복지로 가는 게 맞다 아입니꺼 밥 묵는 거조차 아그들이 차별 받아서야 그거 민주국가라 할 수 있능교

빨강 : 아따 정말 꽉 막힌 벽하고 얘기하는 거 같아 숨 막혀서 도무지 말 못하겠심더

파랑 : 그 말이 바로 내 말이예 참말 나도 똑같심더 이거 무슨 절벽이 떡 가로 막고 있어 숨통 막혀서 같이 못 있겠심더

회색 : 이래 왼 죙일 다퉈도 결판 안 나겠심더. 내보기엔 그 말도 맞고 그 말도 맞는 거 같심더 어매, 벌써 시간이 이렇게 됐네예 배고픈데 만사 제쳐두고 우선 밥부터 묵고 봅시더.

구시가지

끝내 못다 지른 아우성처럼
벌겋게 충혈한 눈망울로
남루한 옷자락 펄럭이며
비좁은 도로로 툭툭 불거져 나온 가게들
낡을수록 정겹고 빛나는 거리
얼기설기 얽힌 전깃줄 사이로
굴비처럼 서로 다닥다닥 몸체 엮고
목하, 원색간판들만 맹렬히 성업 중이다

낮엔 유령처럼 깊은 그늘에 널브러져 있다가
어둠의 그물망 촘촘히 옥죄고야
비로소, 별꽃으로 함박 무리 짓고
개구쟁이처럼 골목길 신나게 뛰놀며
펑펑 축포 쏘아대는 구시가지

몇 광년 거쳐 온 추억들이
회색빛 묽은 바람결 실려
정처 없이 떠나가고
내 부모가 외갓집에 첫 신행(新行)간 골목
그 한켠 맴돌며 서성이던
유년의 청순한 내 사랑도
낡은 세월에 포획되어 그리 떠나간다.

서울, 지하철 2호선

음습한 토굴에 외길 뚫고
더듬이 쭈뼛 세워
두더지처럼 땅속을 달린다
시작도 끝도 없이
출발역이 종착역이고 종착역이 출발역인 2호선
어느 미지의 대륙이나 대양의 미아 될까 봐
땅에다 아랫배 찰싹 붙이고
뱅글뱅글, 지구 자전축 따라 돌아댄다

회색빛 도시
층층이 쌓아올린 문명의 잔해 밑
어둔 굴 속 헤치고 들어가
연일 만원승객 누군가와 부딪히며
두 줄기 평행선 달리느라
여린 숨은 얼마나 고달팠을까
순한 생은 얼마나 힘겨웠을까

윤회사상 신봉하는 성지 순례자처럼
한 생을 돌고 돌아
결국 제자리로 돌아오고 마는
서울, 지하철 2호선
그리고 오늘 마지막 기차의 경적소리.

세모(歲暮)의 바다

겨울바다 붉게 타오르고
장쾌한 기운이 서녘 물들인다
인적 떠난 바닷가
물새가 파도소리 쪼아대고
바다는 연신 출렁이며 추억을 되새김한다
갯바위에 포말 부서지는 해안
하늘빛 내려와 영상처럼 고이고
은빛 파도 잔영(盞影) 속으로
일상의 문양 함몰되어 간다
정녕, 또 한 해는 이렇게 상흔이 되고 마는가

햇살 훑고 간 자리 둘러
정박한 배에 만선 깃발 올린다
아낙들 갯벌 들어 조개 캐고
어부들 통통배 타고 나가 그물질하던
한 해 빼곡했던 바다의 일정표들
해면에서 노을 한 자락 걸친 수레바퀴
용궁 들어 활활 모닥불 지피는데,
내일이면 설빔 색동옷에 여명의 날개 달고
신 새벽이 바다로부터 태동할 것이다
그리고 누군가는 한적한 포구에 정박하고
서둘러 일광을 쟁일 창고 한 칸 마련할 것이다.

6
어촌 풍경

끈적이는 바닷바람 한 아름 안고
바다는 드높은 파도로 출렁이고
어부는 애달픈 그리움으로 출렁인다.

청산도

섬이 마냥 흐르더이다
선창가에서 느림의 미학으로
골 깊은 물살 접어 시간을 함몰하고
부대끼는 삶의 쉼표 되어온 섬
돌담에 내려앉은 햇살 한 자락
포근히 가슴에 품어 안고

청산이 마냥 흐르더이다
해맞이길에서 노을길까지
쪽빛으로 온몸 채색하고
초분에서 불어오는 바람결 따라
다랭이길 건너고 구들장길 건너
저 멀리 아득한 해원 향해
혈맥 푸르게 젖어 흐르더이다

섬이 무심히 흐르다가
청산이 망연히 흐르다가
범 바위 앞바다에서
파랑처럼 들이치는 서편제
눈먼 소리창과 북장단에 목메어
물큰한 진도아리랑 한 소절
괴나리봇짐에 가만히 여며주더이다.

어머니

메마른 사구(砂丘)에서
선인장 가시에 맺혀 대롱대는
새벽이슬 머금어
시원(始原)의 탯줄 석시며
쌍봉낙타 끌고 사막을 횡단하는
불멸의 여신.

아버지

굽어진 척추에
서걱대는 고난 짊어지고
뼛속까지 파고드는 삭풍 헤치며
등 푸른 전설을 짓는 돌거북

고적(孤寂)이 먹빛으로 번지는 광야
어금니로 마늘쪽 짓씹으며
힘살무늬 불거진 지평 향해
맨발로 달음질하는
선구적 위인.

손주 탄생

오, 저길 보시게나

먼동 트는 새벽
동녘 하늘 열고

온 누리 감치는
한 줄기
저 숭엄한 빛살.

들꽃에게

오가는 이들이
그대 이름 기억지 못한다고 설워 말게나
언제나 그렇듯 세상은
무명(無名)의 이름이 꽃 피우고
외진 들꽃 향기가
메마른 대지를 촉촉이 적시는 것

화사한 장미
발그레한 여인의 가슴에 안기고
청초한 백합
봉분 큰 무덤 상석에 놓일 때
눈길 하나 주지 않는 길섶에서
홀로 바람에 흔들리며 생을 키우는 그대

비탈진 응달에 뿌리박고서도
이름조차 없기에 거룩할지니
눈길조차 주지 않기에 숭고할지니
세상은 이름 없는 들꽃이 꽃술 펼쳐
삶의 틈바귀마다 꽃가루 날리고
메마른 누리에 향기 지필지니
오가는 이들이
그대 이름 기억지 못한다고 설워 말게나.

개화산

아린 것들이 흘러갔다
시퍼렇게 갈기 세운 바람 소용돌이치며
때로는 오욕의 파쟁이 흐르고
때로는 굴종의 역사가 흘렀다
산은 아프게 흐르는 바람결 저며
장편 서사시로 이 땅의 역사를 썼다

슬픈 것들이 흘러갔다
강이 울음 태우며 뒤척이고
바다가 신음소리로 소쿠라질 때
산은 능선마다 뼈로 곤두서서
꼭대기에 봉홧불 지피고
온몸 벌겋게 열꽃을 피웠다

이제, 화창한 봄날
매서운 꽃샘바람 멀어지고
둘레길 둘러 핀 색색의 풀꽃들
산은 서녘 벌 우뚝 장승으로 서서
백만 송이 꽃다발 엮어
향긋한 역사의 전설이 되어 간다.

산처럼 강처럼

산이 날 보고
강처럼 살라 하네
욕망도 내려놓고
집착도 내려놓고
그저 강처럼 살라 하네
강처럼 무심히 흐르라네

강이 날 보고
산처럼 살라 하네
설움도 부려놓고
아픔도 부려놓고
그저 산처럼 살라 하네
산처럼 듬직이 서 있으라네

산이 강처럼
강이 산처럼
늘 푸르게 흐르고
늘 푸르게 서 있으라네.

홍대 거리

그곳, 거리는 잔혹하다
비틀린 역사의 한 실체처럼
문화는 사라지고 거리는 퇴화한다
상권이 해일처럼 범람하자
낭만과 젊음이 휘청거리고
가난한 영혼들이 가랑잎처럼 흩날린다
거리는 역설의 현장성에 충실하다

각박한 세상살이
누군가는 젊음과 지성이 그립고
누군가는 음식과 커피 향이 그리워
종종걸음으로 찾아들던
정겨운 거리
지금, 길거리 오가는 이 많아도
판화(版畵)처럼 그윽하고 아늑하던
평온과 안락이 묽어지고
메마른 거리는 군중 속에서도 고독하다

어느 순간 탐욕과 방종이 팽배하자
상가 수명이 극도로 짧아지고
개성적인 거리가 지극히 평범해지고
예술가들이 서둘러 떠나가고

독특한 고유문화가 퇴색하고
연일 호객꾼만 극성스레 설쳐대며
외마치장단으로 날숨을 쉬는 대학가

그곳, 거리는 지금 고통으로 신음한다
뒤처진 계절의 등뼈 구부정하고
앙칼진 바람소리 가풀막지고
상처 난 시간들이 골목길로 몰려와
이제, 슬픈 이들은 거리를 찾지 않는다.

어촌 풍경

어부는 경사면에서 출렁인다
바다색 닮은 하늘 한 번 바라보고
하늘색 닮은 바다 한 번 바라보고
앞서 떠난 아내 빈자리
못 견디게 그리워 목 멜 때면
먼 바다에 애절한 노랫가락 한 소절 풀어놓고
기우뚱한 돛배처럼 출렁출렁 울먹인다

뿌리지 않아도 거둘 게 많은 어촌
집어등이 하얗게 밤바다 밝히면
바지랑대는 너울너울 바람의 춤을 추고
바다가 베푸는 싱싱한 선물
포구 아침은 어물로 풍성해진다

바다와 햇볕과 바람이 한 꾸러미인 포구
짭조름한 갯바람 칭칭 두르고
신 새벽 희미한 여명 타고 나갔다가
검붉은 저녁놀 한 자락 포구에 잡아매며
고달픈 하루치 닻을 내리는 어부

대처에 사는 자식들에게 보낼 오징어
씨알 굵은 놈들 골라

차곡차곡 상자에 담으며
어부는 아내 생각에 또다시 목이 메고
섶 열어 비린내 절은 바다는
온종일 심란하게 기우뚱거리다가
갯골에 겉늙은 노을 한 자락 뱉어낸다

어둠이 돌미역처럼 자라나는 포구
끈적이는 바닷바람 한 아름 안고
바다는 드높은 파도로 출렁이고
어부는 애달픈 그리움으로 출렁인다.

영남루

팔작지붕은 알고 있으리
아랑의 애절한 넋이
달밤에 밀양아리랑 품어 안고
속 깊은 강에서 소용돌이치며
세마치장단으로 흐르는 까닭

누각은 알고 있으리
김종서 충혈된 혼이
검날에 베인 피 묻은 역사 품어 안고
검붉은 강에서 소쿠라지며
파랑 드높이 물결치는 까닭

대숲은 알고 있으리
강 건너에서 불어오는 바람이
뜨겁게 일렁이는 숨결로
아랑과 김종서 애타게 부르는 까닭
애타게 부르며 저리 목메는 까닭.

농다리

농다리를 건넌다
거센 물살이 마구 가랑이를 훑어댄다
아무렇게나 무작위로 놓인 돌이
최상의 과학적인 돌다리를 이룬 강
암반만 한 돌에서
선조의 번득이는 지혜가 읽힌다

농다리는 어울림이다
자연에 대한 맞섬이나 도전 아닌
존중이고 긍정이고 융합이다
자연을 자연의 자리에서 존중하고
얽힘과 설킴의 미학으로
생활에 응용하는 첨단과학이다

농다리를 건넌다
다리가 물꼬 열어 강물 쏟아내고
거센 물줄기 여울져 소용돌이친다
유속 빠른 물살에 휩쓸려
자꾸만 고환이 들썩인다

농다리는 강물로 우주를 여는
투명한 세상의 창이다.

용문사 은행나무

오로지 한 자리에 서서
천년 세월 엮으며
세찬 눈비 맞아온 그대
온몸 진기 뽑아 열매 익히더니
이제, 바람 드센 산골
헐벗은 나목(裸木)으로 섰구려

단일 종으로 진화를 거부하며
푸르른 이파리 펼쳐
연인들의 풋풋한 사랑 맺어주고
그날의 애틋한 추억 되새기는
중후하고 듬직한 모습

산마루 얼음바람
골골이 휘돌며 광포해도
묵묵히 원초의 숨결 머금고
가지마다 빛살로 채색하여
찬연히 초록빛 세상 키우는 그대

오래 전, 한겨울
벌판에서 풀무질로 새봄을 만들던
내 아버지처럼.

사인암

낫술 취해 불콰한 숲속
고절한 옛 선비 청 굵은 소리에
청련암 추녀 덩실거리고
바람이 몸 뒤집어 웅성댄다
발밑에 수평으로 강을 뉜 숲이
오래된 옹기에 물새소릴 담는다

바위틈 비집고 생명 박은 청솔에
단양팔경 척척 휘감기고
강은 급 낮은 음계로 되돌이표 줍는다
푸르게 젖은 바람 한 줄기 숲에 들자
가벼이 몸 흔들어 반기는 잎새들

한 손에 막대 잡고
다른 손에 가시 쥐어도
백발은 미리 알고 지름길로 오는데,

벼랑이 수직으로 서서 모난 시간 깎아대고
절벽바위는 생의 끝단에서
마파람 너울에 살을 버리고 뼈로 선다
의기양양 상흔 파고드는 강바람
그 비정에 물컹 늙어버린 사인(舍人) 벼슬아치.

예술공원

물안개 지피며
붉은 연꽃 한 송이 벙글고
뭇 시들이 바람에 젖는다

하 많은 날
가슴앓이로 고뇌해왔던
결기 찬 언어들
오석에 새겨들어
천년숨결로 부활하고

어느 시인인가
가얏고 가락처럼 유장한 시상이
망울망울
눈물 꽃으로 피어난다

바람 한 점 앵돌아드는
연못가, 거기에서
물오리 떼가 낭랑히 시행을 읊조리고
나도 사유의 행간 들어
물빛 푸른 시의 한 점 잎맥이 된다.

돌과 시비(詩碑)

돌이 운다, 정 쪼인 가슴 에며
푸릇푸릇 돋아나는
초롱초롱한 언어의 심상
그 의미 행간에서
바람에 날리는 아린 상념들

사랑 있고
이별 있고
그리움 있고

돌이 운다, 절제된 언어에서 뿜어지는
폭포 같은 설움
분수처럼 상징으로 솟아 낙하하는
상처 난 아픔

아직도 그런 것들이 가슴 한복판에서
미나리 순처럼 자라고 있기에
여미지 못하는 슬픔 한 덩이
천형(天刑)으로 끌어안고
시원 모를 바람에 시의 여백 모조리 찢기며
거기서 서러이 돌이 운다.

세월호, 그 후

찬바람에
노랑 리본 휘휘 날리는
팽목항 처절한 절규
그 아픔에 눈시울 촉촉이 젖어
온 겨레가 뜨겁게 다짐했다

절대 잊지 않겠다고
절대로 잊지 않겠다고

아직도
돌아오지 못하는 창백한 원혼들
저처럼
차가운 바다에서 목 놓아 울부짖는데

지금 그대 그러고 있는가
정녕 그러고 있는가.

작품의 구성항목별 통계 분류로 살펴본 최병영 시의 특징적 요소들

— 제4시집 『바람은 길을 묻지 않는다』 자작시에 대한 해설

최 병 영(시인 · 수필가 · 문학평론가)

1. 들머리

결국은 마침표를 찍고 말았다. 자서(自序)에서 언급한대로 다음 출발을 위해서이다. 해마다 연말쯤이면 문학지에 40수 가까운 시를 송부해야 한다. 지금부터 숨 가삐 달려도 그리 간단치 않은 일이다. 이번 시집에 상재한 작품을 가편집한 이후에도 아마 20여 회 넘게 들여다본 것 같다. 나름대로 퇴고에 진력하여 최선을 다했는데도 여전히 마침표의 뒷자리는 그리 개운치 않다. 능력 부족에 따른 작품의 완성도에 대한 불안 때문이다. 어찌 보면 일곱 번째 작품집에 이르러서야 비로소 문인으로서 근본적으로 바른 인식의 자리에 정착한 듯해 다행스럽게 여겨지기도 한다.

나는 문학을 지칭하여 '영혼을 갉아내는 가슴앓이의 전율'이라고 정의한다. 퇴고야말로 그렇게 영혼을 갉아대는 고통 어린 작업이다. 글은 바로 작가의 얼굴이요 인격의 요체이다. 창작물에 대한 절대적 평가는

바로 퇴고에서 결정된다. 퇴고는 보석함에 달린 마지막 자물쇠이다. 고려시대 이규보(李奎報) 선생은 글의 완성도를 강조하며 퇴고에 대해 '마치 철천지원수가 이 잡듯이 뒤져서 한 점 흠집을 발견하지 못하는 것' 이라고 설파했다. 송나라 때 문장가 구양수(歐陽脩)도 퇴고의 달인이었다. 그는 글을 쓴 다음 벽에 붙여놓고 퇴고했는데, 고치고 나서 보면 제목만 원문과 동일하고 나머지는 모두 바뀐 경우가 다반사였다고 한다.

이번에 상재한 제4시집 『바람은 길을 묻지 않는다』는 모두 90수의 시군을 담고 있다. 삶과 생활을 주조로 하는 제1부에서는 「무종소리」를, 회한과 비애를 정조로 하는 제2부에서는 「이팝꽃」을, 전통과 토속을 정조로 하는 제3부에서는 「한지」를, 염정과 그리움을 정조로 하는 제4부에서는 「맨드라미」를, 일상적 삶의 정회를 주조로 하는 제5부에서는 「서울, 지하철 2호선」을, 기행과 자연에 대한 순응 및 동화를 주조로 하는 제6부에서는 「어촌 풍경」을 중심 작품으로 설정하여 전체 얼개를 형성했다.

2. 작품의 계절적 배경에 따른 분류

이번에 출간하는 시집 『바람은 길을 묻지 않는다』에서는 상재한 시를 대상으로 자작시 해설을 통하여 작품에 담긴 제반의 구성요소를 통계적으로 정리하고 이 분류에 입각하여 작품 전반을 들여다보고자 한다. 먼저 작품집을 형성하고 있는 계절적 배경을 살펴보면 다음과 같다.

계 절	봄	여 름	가 을	겨 울
작품 수	19수	7수	11수	12수

위에 드러난 작품의 계절적 배경으로는 봄철이 가장 많은 것으로 나타난다. 이는 봄이 소생의 계절이요 화사한 색채의 계절이라는 특성에 기인하여 이와 연관된 꽃과 염정에 대한 노래가 주조를 이루고

있기 때문이다. 아래 시는 포근하고 따스한 계절적 특징을 바탕으로 하여 봄날에 반추하는 겨울 이야기를 담고 있다. 가난으로 인하여 겨울의 혹독한 추위를 헤치면서 겪는 삶의 설움을 그리움의 정서에 담아 복합적으로 표출한 작품이다.

간신히 동냥으로 구걸한 한 끼니 밥술
꽁꽁 얼어붙을까 봐
앞섶 깊이 품어 안고
허겁지겁 등성이 되넘다가
철푸덕
그만, 눈밭에 나동그라졌단다

솔바람 에는 산길에
와르르 쏟아진 밥알
서럽도록 만삭인 눈송이에 섞여
이팝처럼 하얗게 울음꽃으로 피었단다

올해도
할매 엎어졌던 산자락
데굴데굴
눈 위 구르던 솔바람소리 온후해지고
봉긋한 무덤가 둘러
할매 넋인 듯, 울음인 듯
이팝꽃 흐드러지게 피었는데.

―「이팝꽃」 일부

이 시는 봄이 겨울을 품는 이중적 구조의 계절 배경을 설정하고 할머니의 사랑과 그리움을 되새기는 회억의 정서가 액자식 구성으로 이루어진 작품이다. 예전에 우리 선대는 끔찍이도 가난했던 쓰라린 체험을 가지고 있다. 가난은 가장 서럽고 슬픈 고통이고 가장 참담한 아픔이다. 봄꽃의 일종인 이팝꽃은 꽃이 이밥, 즉 쌀밥처럼 생기고 꽃무리가 쌀밥을 고봉으로 담아놓은 듯한 형상을 지니고 있어 붙여진 이름이다. 서양인들은 하얀 이 꽃을 처음 보고 '눈꽃나무'라고 불렀다 한다. 굶어 부황 든 손자의 모습을 보고 참을 수 없어 눈 덮인 산길을 넘어 동냥을 해오는 할머니의 애절한 이야기를 밥알을 상징하는 이팝꽃의 이미지와 접목하여 색채화한 작품이다. 이 시는 절대적인 가난의 절박감이 산길의 하얀 눈과 배합되고 이가 다시 이팝꽃의 하얀색과 조응을 이루어 가난의 슬픔을 강화하는 의미 순환적 구조 형태를 보여준다.

시집에 담긴 봄을 소재로 한 시 중에는 인생의 회한과 설움, 현실적 삶의 고난과 아픔, 고전적 품격의 해학적 염정을 그린 작품이 다수를 차지하고 있다. 겨울을 배경으로 하는 작품의 빈도수가 그 다음을 차지하고 있는데, 이는 탈속적이고 순결한 눈의 이미지와 더불어 추위, 고난 등의 극단적 제재가 작품의 주제를 심화하고 면밀한 적합성을 고취하고 있기 때문이다.

3. 작품의 공간적 배경에 따른 분류

시의 공간적 배경은 작품의 내용을 형성하는 핵심요소로서 매우 중요한 의미를 갖는다. 시집 『바람은 길을 묻지 않는다』에 상재된 작품의 공간적 배경을 분류하면 다음과 같다.

배 경	작품 수	배 경	작품 수	배 경	작품 수
산	12수	하늘	8수	부엌	1수
바다	15수	사막	2수	묘지	1수
강	6수	밭	4수	기타	5수
길 · 대지	20수	상가	2수	·	·

위의 통계에서 길과 대지가 시의 공간적 배경으로 가장 다수로 등장하는 것은 인간의 삶이 바로 그곳에 토양을 두고 있기 때문이다. 길과 대지는 바로 인간 삶의 바탕이요 근원이다. 작품 중에서 어릴 적 아늑하고 그리운 정경과 더불어 해학적인 내용을 담고 있는 작품을 한 수 들여다본다. 이 시는 지난날의 아늑하고 평화로운 시골 정경을 캔버스에 담아 채색한 한 편의 민속화를 연상시킨다.

한여름 날
푸른 바람 음표로 나부끼는
플라타너스 그늘에서
오순도순
고누 두는 아이들

상대방 말 따려다
올 성근 삼베잠방이
가랑이에서
툭 불거지는

불그데데한
대추알 두 쪽.

—「내일, 그리고 희망」 전문

주위에 마땅한 장난감 하나 없던 시절, 고누는 아이들이 즐기던 대표적인 놀이였다. 고누는 땅에다 동그라미 형태의 선을 그려놓고 그 안쪽에 십자 형태의 놀이판을 그려서 작은 돌이나 나뭇가지를 말 삼아 승부를 겨루며 즐기는 놀이를 말한다. 위의 시는 어릴 적 향수와 더불어 그리움의 정서가 말판을 단단히 떠받치고 있다. 무더운 여름날 플라타너스 이파리를 흔드는 싱그러운 바람이 목덜미를 간질이는 촉감 그대로 전이된다. 이 노래의 첫 연에 표현된 '푸른 바람'은 촉각을 시각화한 공감각적 이미지에다 이를 다시 '음표로 나부끼는' 이란 어절에 연계하여 음악적으로 리듬화한 표현기법을 활용했다. 이 시의 절정(Climax) 부분은 '불그데데한/ 대추알 두 쪽'에 모아진다. 이 작은 대추알은 아이의 성장과 더불어 더욱 성숙하고 믿음직해져 종래에는 든든히 우리사회를 지탱하고 이끄는 중추 역할을 담당하게 될 것이다. 그것이 내일이고 희망이다. 위의 표에서 기타에 해당하는 공간적 배경으로는 '서원, 장독대, 시가지, 지하, 광야' 등이 시적요소로 포함되어 있다.

앞의 시처럼 최병영의 제4시집『바람은 길을 묻지 않는다』에는 이전의 시집과 달리 단시(短詩)를 상당수 싣고 있다. 단시는 페이소스(Pathos)와 풍자성(諷刺性)이 강하고 음미하여 곱씹을수록 여운과 향기가 짙어야 한다. 언어를 최소화하고 의미를 극대화해야 단시의 흡인력은 강해진다. 행간의 여백과 감정 절제가 더욱 짙은 감흥과 진한 여운을 불러일으킨다. 한 마디의 언어에 질박한 여러 의미와 골 깊은 사유를 담아야 성공적인 작품으로 승화할 수 있다. 단시에 걸작은 없다는데, 이번 시집에 수록된 단시들이 조금은 문학적 향기를 함유할 수 있기를 기대한다.

4. 작품에 등장하는 동 · 식물별 분류

최병영의 시집『바람은 길을 묻지 않는다』에 등장하는 동 · 식물을 종류별로 대별하면 다음과 같다.

종 류	작품 수	종 류	작품 수	종 류	작품 수
새	11수	물고기	11수	나무	9수
꽃	24수	가축	6수	곤충	16수
채소	3수	기타	1수	·	·

위의 통계에 의하면 이번 최병영의 시집에 등장하는 동 · 식물의 분포에서는 꽃의 빈도수가 가장 많은 것으로 나타난다. 꽃이 등장하는 시편들을 살펴보면 장미꽃과 안개꽃이 두 차례 중복되어 표현된 외에 나머지 꽃은 모두 단회로 등장하여 작품의 제재로 작용하고 있는 점이 특징적이다. 꽃을 주조로 노래한 작품을 살펴본다.

선홍빛으로 타드는 애증의 불덩이
너무도 뜨겁고 고통스러워

새벽이슬에 화관 씻고
저녁 바람에 열꽃 식히지만

화염처럼 일렁이는 연모의 진액
심장에서 펄펄 들끓어

오늘도
미친 듯 풀밭 뛰어다니며
울컥울컥
새빨간 핏덩이 각혈한다.

—「맨드라미」 일부

바람 드센 세상에
고통 받지 않는 영혼 어디 있으랴

검은 화선지에
은빛 꽃가루 한 줌 뿌려두고
멀리 가는 향기 머금어
노오랗게 꽃 등불 밝혀보지만
종래 임은 소식 없고

새벽이슬 젖어 오들오들 떠는
가련한 꽃송이

오로지 절절한 하나의 사랑 위해
헐거워진 감각기관 옥죄고
아린 세월 골짝에 서서
임 향한 연정에 온몸 경련하는
한 송이 애절한 달맞이꽃.

—「달맞이꽃」 일부

앞의 두 시는 모두 사랑을 주제로 하여 아픔을 노래하고 있는 공통점을 지닌다. 그러나 상황에 대해 반응하는 서정적자아의 태도는 사뭇 대조적이다. 첫째 시 「맨드라미」에서는 시적자아가 갖는 애증을 내면에 수용하여 삭이지 못하고 격렬하게 몰아치는 폭풍우처럼 우악스럽고 거친 태도로 일관한다. 시적자아는 사랑의 응어리를 지니고 마구 뛰어다니며 격렬하게 타오르고 절규하며 몸부림치다 종래는 각혈까지 하는 격동적인 행위를 보인다. 이는 목젖까지 차오르는 울혈에 대한 푸닥거리이고 절절했던 사랑에 대해 반응하는 반사적 살풀이 행위이다. 그러나 둘째 시 「달맞이꽃」에서는 시적자아가 느끼는 사랑의 상처와 고통이 순수한 영혼에 수용되어 미적으로 승화하고 있다. 시적자아는 은은한 향기 머금고 등불 밝혀 임을 기다리는 헌신적인 태도로 일관한다. 종래 오지 않는 임을 기다리다 새벽이슬에 젖어 오들오들 떠는 가련한 모습이 영상의 한 장면처럼 애절하고 뭉클한 정경을 이룬다.

앞의 시 「맨드라미」에서는 계관(鷄冠) 형상을 닮은 꽃잎을 애증의 불덩이와 열꽃으로 이미지화하여 이슬에 씻고 바람에 식혀 내재화하려는 시적자아의 이성적 자제력이 눈에 띈다. 그러나 결국은 임계점을 초월하는 격심한 고통으로 인해 스스로 제어할 수 없는 격렬한 상황으로 치닫는 모습이 적나라하게 묘사되고 있다. 둘째 시의 제목인 달맞이꽃은 밤에 달을 맞이하여 꽃을 피우고 낮에는 꽃잎을 닫는 야화(夜花)의 생태적 습성에서 붙여진 이름이다. 이는 문학작품에서 그리움과 기다림, 애절함을 상징하는 꽃으로 많이 노래되고 있다. 두 시 모두 내면에 주제의식을 은연히 감추고 있지 않아 사랑의 정서와 느낌이 현상 그대로 가감 없이 전달되는 공통점을 보인다.

5. 작품에 등장하는 색깔별 분류

최병영의 시집 『바람은 길을 묻지 않는다』에 등장하는 색깔은 시적 정황의 이미지와 연계하여 분류할 때 매우 다양한 특징을 보여준다. 그러나 이들 색깔은 시적제재로서 작품내용에 적극적으로 관여하여 맥락을 주도하기보다는 시의 흐름을 보조하고 감정을 의미화하는 수단으로 활용되고 있음을 이해할 수 있다.

최병영의 시 90수를 상재한 『바람은 길을 묻지 않는다』에는 색깔이 155차례로 다수 활용되고 있다. 시 한 수에 평균 1.7회의 색깔이 등장하고 있는 셈이다. 이는 한 편의 시에 두 가지 이상의 색깔이 복합적으로 활용되고 있는 현상에서 기인된 것으로 인식된다. 시집에 담긴 구체적 색깔을 적시하면 다음과 같다.

종 류	작품 수	종 류	작품 수	종 류	작품 수
빨강	49수	흰색	31수	노랑	13수
파랑	34수	검정	19수	검정	5수
회색	3수	무채색	1수	·	·

색채가 등장하는 작품 중에서 가장 많은 빈도수를 보이는 빨강색과 관련된 작품을 살펴본다.

그것은 뜨거운 생의 풍경화다

겹겹의 파도 쩌렁한 함성으로 적시며
아낙이 널배 타고 갯벌 밀면
바다는 금세 활활 꽃불로 타오르고
검붉은 자궁마다에선 꼬막내가 진동한다.

—「널배」 일부

별무리 헤엄치는 밤
풀물 든 울음 텀벙대는 해면에서
아픔은 만장처럼 펄럭이는데
바람이 선홍색 혀로 갯바위 휘감고
불멸의 해일(海溢)이 작두춤으로 부활한다

달빛 저린 해원에서
헐렁히 닳은 시간 한 조각 베어 물고
섬이 끙, 돌아눕는다.

—「섬」 일부

깊숙이 숨겨두었던
울음 한 자락 터져 나와
청보리 밭에서 자지러졌다
부서지고 마른 햇살 마냥 퍼내고
퍼내며 살아가던 시절
가슴속에 층층이 고이는 건 어머니고
어머니 같은 고향이었다

청보리 밭에서
괜히 늙은 어머니가 울고 있었다
괜히 푸른 고향이 울고 있었다
울음의 고랑으로 절절히

서러운 피눈물 흘러내렸다
바람소리 옹골찬 난파선에서
청보리가 한 뼘 키 늘이고
깜부기 터럭 끝에서
밀밀한 어둠이 벌겋게 타고 있었다.

—「청보리 밭」 일부

위 시에서는 서정적자아의 의식과 감정이 색깔을 기저로 하여 각기 개성적으로 표출되고 있다. 최병영 시에는 유독 빨강 계열의 색채어가 다수 등장하는데, 이는 앞의 시 세 수에도 그대로 적용되고 있다. 빨강색은 심지어 파랑색이 주조를 이루는 일련의 시에서도 버젓이 한 자리를 차지하여 의미화하고 있다. 빨강색은 열정적이고 격렬하며 충동적이다. 저돌적이고 다혈질적이며 강인한 생명력과 불굴의 야망을 표출하기도 한다. 그러기에 빨강색은 종래 아리고 슬프고 고통스럽다.

첫째 시 「널배」는 벌교를 구체적 공간배경으로 설정하고 갯벌에서 조개를 캐며 살아가는 아낙들의 질박한 생을 그린 작품이다. 널배는 아낙들이 갯벌에서 꼬막을 채취하기 위해 타고 미끄러지는 널빤지 모양의 작은 배 형태를 말한다. 갯벌에 엎어져 사는 아낙의 뜨겁고 절절한 삶의 정경을 한 폭의 수묵화와 풍경화로 덧칠하고 이를 형상화하여 세필로 묘사하였다. 둘째 시 「섬」은 인간 삶의 고립과 현실세계의 고통을 명상적 어조로 그려낸 작품이다. 고독과 우수를 정조로 하는 이 작품에도 빨강색 계열의 색채어가 등장하는데, 이는 섬을 억압하고 주도하는 통제적 수단으로서의 상징적 이미지로 작용하고 있다. 셋째 시 「청보리 밭」은 인간 삶의 절박감과 그리움의 정서를 복합적 기저로 삼고 있는데, '부서지고 마른 햇살'과 '터럭 끝에서 벌겋게 타는 어둠'이란 복합적 의미의 감각적 묘사로 전반적인 시적정황과 시적자아의 심리상태를 암묵적으로 보여주고 있다.

6. 작품에 등장하는 시간대별 분류

시집 『바람은 길을 묻지 않는다』에 상재된 시 상당수는 시간대가 불분명한데, 이를 유추하면 내용의 정황상 낮 시간대로 판단된다. 그러나 이는 또 다른 시간대로도 이해할 소지가 있어 일단 일정한 시간대의 적용을 배제하고 이론의 여지가 적은 작품을 대상으로 하여 시간대별 숫자를 파악하였다. 하루 중에서 시가 배경으로 설정한 명시적 시간과 묵시적 시간을 종합하여 계량화하면 대략 다음과 같다.

종 류	작품 수	종 류	작품 수	종 류	작품 수
새벽	6수	아침	4수	낮	11수
저녁	8수	밤	22수	·	·

위의 표 중에서 가장 많은 분포도를 보이는 밤 시간대의 작품을 살펴본다.

친구 녀석들, 황태 되었다고 휘파람 불며
백화점으로, 해장 집으로 나들이 가는데
황새기 젓갈처럼 짰던 숨
넝마조각으로 비닐봉지에 담긴 채
단두대 오른 죄수처럼
황급히 유서 한 장 휘갈긴다

한밤, 양재기 펄펄 들끓고
아직도 내 눈물은 죽어서 비리다.

—「파태(破太)」 일부

노랑나비가 우듬지에 이르러 꿀을 채집한다
그곳에 다다라서야 비로소 애벌레들은 깨닫는다
꼴찌까지 모두 아름다운 나비가 될 수 있음을

나비 되어 자유로이 훨훨 날아갈 수 있음을

애벌레가 선탈(蟬脫)하는 날,
줄곧 수석에서 이등으로 내려앉은 중학생이
아파트 옥상에 올랐다
어둠의 밀도가 농액(濃液)처럼 엉켜 붙는 밤이었다.

—「일등 공화국」 일부

선창가 선술집 대폿잔에 통통배 띄워놓고
하염없이 삶을 멀미하며
자아내면을 태워 소진해 온 날들
등줄기 퍼렇게 격한 파도소리 한 짐 지고
솜뭉치 되어 찾아든 둥지에서
밤은 타조 알처럼 더욱 단단해진다

세상에 온몸 깡그리 내주다가
귀퉁이 뭉개진 달빛 한 자락
해수면 빠져 허우적대는데
섬은 밤새 뒤척이며 그리움 꿈꾸고
포구는 낡은 닻줄에 메어
허름하고 부식된 상념을 절여댄다.

—「포구의 밤」 일부

밤은 어둠과 부정(不正)이라는 특유의 밀밀하고 칙칙한 이미지가 작품의 심층적 소재로 의미 있게 작용한다. 앞의 세 작품 모두 밤이라는 동일한 시간대가 시의 상징적 요소로서 지배적 정조로 작용하는 공통점을 보인다. 소주 한 잔 걸친 다음 날 불난 속을 다스리는 데 있어 북어만 한 음식이 또 있으랴. 북어는 명태를 건조시킨 상태의 또 다른 이칭(異稱)이다. 명천(明川)에 사는 태(太)씨 성의 어부가 잡았다 하여 이름 지어진 명태는 상태와 용도에 따라 생태, 동태, 북어, 노가리 등의 다양한 명칭으로 불린다. 백태, 깡태, 먹태라는 이름도 있다. 북방에서 잡아왔다 하여 북어, 막 잡아 얼리기 전이면 생태, 꽁꽁 얼리면 동태, 노랗게 잘 말리면 황태, 반만 말리면 구다리, 새끼 때 잡은 것은 노가리라 부른다. 또 말릴 때 너무 추워 껍질이 하얗게 변색하면 백태, 너무 따뜻하여 거무튀튀해지면 먹태, 기온의 변동으로 수분이 한꺼번에 빠지면 깡태라 부른다. 깡태는 흠씬 두들겨서 제사상에 올리는 마른 명태이다. 현재 우리나라 해안에는 명태가 없다. 싹쓸이하여 씨가 말랐기 때문이다. 한때는 너무 흔해서 개도 쳐다보지 않았다던 어물이 금태가 된 지 오래이다. 예전에 무분별하게 노가리까지 마구 포획했기 때문이다.

첫째 시 「파태(破太)」는 덕장에서 황태를 만들다가 몸집의 형태가 흩어지고 흠결이 생겨 상품성을 잃은 명태를 지칭한다. 파태는 절망과 설움의 실체적 상징물이다. 이는 황금빛 물고기인 황태를 지향하다 결국 파태가 되고 만 명태의 절망과 설움을 형상화한 작품이다. 지금 우리 주위에는 너무도 파태가 많고 이들의 아픔과 설움도 그만큼 많다. 곳곳에서 이명(耳鳴)으로 파태의 울음소리가 들려오는데도 이들을 보듬고 배려하는 따뜻한 손길과 애정 어린 눈길이 턱없이 부족하여 참으로 안타깝다.

둘째 시 「일등공화국」은 일등지상주의 국가에서 몸서리치는 경쟁을 겪어야 하는 생명들의 불합리한 사회구조를 나비로 상징화하여 고발하고 있는 작품이다. 애벌레가 선탈하여 나비가 되는 날, 이와 반대로 수석에서 이등으로 성적이 떨어진 아이가 옥상에 오르는 대조적 정황을 설정하고 이를 어둠의 이미지로 흡인하여 의미화한 작품이다. 치열한 우리 경쟁사회는 아이에게 수석에서 이등으로 내려앉은 것 자체가 절망이라는 인식을 부지불식간에 각인시켜주었다. 아이가 옥상에 오르는 정황과 연계하여 표현된 어둠의 배경이 이 시의 비극성을 암묵적으로 함유하여 내비치고 있다.

셋째 시 「포구의 밤」은 어촌을 배경으로 살아가는 어부의 고되고 험난한 삶을 감각적으로 그린 작품이다. 해 저문 시간, 어부는 바다처럼 출렁댄다. 어부는 무던히도 흔들리던 하루치 등짐을 둥지에 부려놓고 선창가 술집 대폿잔에 돛단배를 띄운다. 그리고 그 돛단배처럼 인생을 멀미할 때 밤은 타조 알처럼 더욱 단단해진다. 어부는 이제 중과부적(衆寡不敵)이다. 어부를 단단히 옭죄고 있는 현실적인 삶의 족쇄는 결코 어부를 가벼이 해방시켜 주지 않을 것이다. 그래서 오늘밤에도 어부는 선창가 주막집 대폿잔에 돛단배를 띄우고 하염없이 인생을 각혈해댈 것이다.

7. 작품에 표출된 정서별 분류

시에서 서정적자아가 지닌 정서는 매우 미묘하고 다양하며 구체성을 지닌다. 최병영의 시집 『바람은 길을 묻지 않는다』에 담긴 서정적 자아의 정서도 이와 다르지 않다. 한 편의 시에서도 서정적자아의 내적정서는 복합적으로 드러나기 때문에 이를 적확하고 체계적으로 분류하기는 매우 난해하다. 이 점을 고려하여 여기서는 부분적으로 드러나는 정서의 단면을 지양하고 시 전체를 관류하는 주체적 관점에서 근본이 되는 정서를 파악하고 이를 체계화하여 항목별로 분류하였다.

아래 표의 통계자료에 의하면 작품 내에서 서정적자아가 줄곧 견지하고 있거나 시의 전체적 정조(情調)로 일관하여 드러내는 지배적 정서는 ①비애/애상 ②고난/고행 ③연모/염정 순으로 다수의 빈도수를 보이고 있고, 대다수의 시가 이를 모티프로 하여 작품세계를 형상화하고 있음을 알 수 있다. 시집 『바람은 길을 묻지 않는다』에 드러나는 주된 정조(情調)와 서정적 자아의 정서별 분류의 내용은 다음과 같다.

종 류	작품 수	종 류	작품 수	종 류	작품 수
비애/애상	16수	소망/염원	4수	연모/염정	12수
향수/그리움	2수	풍자/비판	7수	동경/예찬	8수
구도	3수	좌절/절망	2수	초월	3수
희생/헌신	5수	순수/정결	3수	고난/고행	14수
저항	2수	동화	2수	정회	7수
권태	1수	·	·	·	·

위 표의 작품 중에서 빈도수가 높은 순서대로 ①비애/애상적인 시, ②고난/고행을 그린 시, ③연모/염정을 그린 시를 각각 한 편씩 살펴본다.

엄니는 늘 가여운 달챙이였다
한없이 드높고 험한 보릿고개
끼니 걱정으로 한숨까지 메말라
부지깽이처럼 바짝바짝 속 타들던
울 엄니는

솥바닥 박박 긁어
더 닳을 것조차 없는 달챙이였다.

—「달챙이」 일부

한산세모시는
지독한 가난의 산물이다
먹고살 길 막막한 촌구석으로 시집와
모진 세월 연명하기 위해
한생을 풀 먹이고 다스려온 삶의 가닥들
섬세하고 단아한 천연 옷감에선
아낙의 통절한 회한이 하얗게 물결친다

여인 허벅지에 검버섯 슨 날
투명한 날개 지닌 잠자리 한 마리
모시옷 앉아
바지런한 날갯짓으로
아낙의 울음소릴 말리고 있다.

—「한산세모시」 일부

야단났다
수양버들 가는 허리 실룩대고
토실한 엉덩이 사방으로 요동친다
짐짓 지게 지고 뒤따르던
방자 녀석
괜스레 지겟다리 두드리며
힐끔힐끔 청보리 밭 엿본다

한 아름
보리대궁 드러누운 밭에서
포로롱
종달새 한 쌍 창공으로 날아오른다.

—「봄바람 · 2」 일부

첫째 시 「달챙이」는 비애와 애상을 표상하는 작품이다. 이는 극단적으로 궁핍했던 시절 눈물겨운 어머니의 삶을 달챙이로 형상화하여 그린 작품이다. 보릿고개가 한없이 드높았던 시절, 우리 어머니들은 가난을 숙명처럼 떠안고 살아가는 설운 삶의 주인공이었다. 그때 가난은 시대가 지닌 지난하고 불편하며 떼어낼 수 없는 삶의 공유물이었다. 달챙이는 끼니마다 솥바닥을 긁어댐으로써 끝 부분이 닳아 무디어진 모지랑숟가락을 지칭한다. 그 시절의 모지랑숟가락에는 어머니의 처절하고 고난 어린 삶이 응축되어 있다. 그것은 비견할 수 없는 현실의 실체이고 아픔이었다. 삶의 응달에 뿌리박고 악착같이 질긴 생명력으로 자라나서 들붙는 끈적끈적한 비애였다.

둘째 시 「한산세모시」는 가난한 시골로 시집와 한생을 모시 짜고 풀 먹이면서 살아가는 여인의 모습을 고난과 고행의 관점으로 그려낸 작품이다. 한산세모시는 아낙의 골 깊은 한숨과 삭여내는 속울음과 웅얼거리는 한탄이 빚어낸 순수의 결과물이다. 그러기에 눈부시도록 하얀 세모시에서는 아낙의 슬픔이 눈꽃처럼 하얗게 물결친다. 한산세모시는 옷감의 투명성을 빗대어 잠자리 옷이라 지칭하기도 한다. 마지막 연에 이르면 고된 생을 살아온 아낙의 허벅지에 까맣게 검버섯이 슬었음이 드러난다. 한평생 실올 가닥을 침 발라가며 무던히도 허벅지에 비벼댔기 때문이다. 이러한 아낙의 고난과 아픔을 갈무리하여 상정한 것이 바로 잠자리의 인용이다. 잠자리의 날갯짓에 아낙의 설운 삶과 고난에 대한 애절한 심회가 실올 깊숙이 내재되어 있다.

셋째 시 「봄바람 · 2」는 우리에게 낯익은 고전적 세계의 정황을 끌어와 시화함으로써 남녀 간의 애틋한 염정을 노래한 작품이다. 회화적인 이야기의 진행과정을 뭉툭 잘라내고 마지막 연에서 종달새 한 쌍을 비상시킴으로써 의미를 응축하고 자연스럽게 시적 정황을 유추할 수 있도록 매무시를 여민 작품이다.

8. 갈무리

일찍이 세계적인 문호 괴테는 '요즘 작가들이 잉크에 너무 많은 물을 타서 쓴다.' 고 개탄했고 서정주 시인은 그의 노래 「자화상」에서 '시의 이마에는 늘 몇 방울의 피가 묻어 있다.' 고 토로했다. 혜안을 지닌 이들의 경구가 모두 이번 시집 『바람은 길을 묻지 않는다』를 지칭하고 있지 않나 하여 부끄러워진다. 하지만 나름대로 작품에 열정을 다했다는 당위적 변명으로 시행의 바람구멍을 땜질하련다. 작품의 질적 요소는 작가역량의 구체적 산물이다. 작가는 항상 작품으로 말하기 때문이다. 문학은 오묘하고 복합적이며 불명확한 것이다. 때문에 이의 본질을 탐구하기 위해 작가는 끊임없이 촉수를 바로 세우고 골 깊은 사유로 삶의 저변에 투망질을 해야 한다.

제4시집 『바람은 길을 묻지 않는다』에 상재된 제반의 시에 대한 이해를 돕기 위해 자작시 해설을 통하여 작품구성 요소의 통계적 분류 내용을 제시하였다. 그 결과 최병영의 시집 『바람은 길을 묻지 않는다』는 계절별로는 봄을, 공간적 배경으로는 길 · 대지를, 동 · 식물로는 꽃을, 색깔로는 빨강을, 시간대로는 밤을, 정서적으로는 비애 · 애상을 기저로 하여 작품세계를 형성하고 있는 것으로 드러난다. 작품에 투영되는 주제는 대체로 그 시인이 지닌 삶의 궤적(軌跡)과 상관성을 지닌다. 작품을 보면 작가가 보인다. 작품은 바로 작가의 삶과 고뇌가 집약되고 응축된 분신물이기 때문이다.

시는 미래가치를 지향한다. 시의 뿌리는 오늘의 것이나 그 열매는 내일의 것이다. 오늘의 삶을 절절히 노래하면서도 그 의식은 냉철히 내일을 지향해야 한다. 시는 갱도의 문학이다. 광부가 탄광에 들어가 채굴하듯이 인생과 삶의 문제를 끊임없이 깊게 파고 내려가야 한다. 채굴할 때 광부의 얼굴에는 늘 땀에 젖은 탄가루가 검게 얼룩져 있다. 그것이 마치 광부의 본래 모습인 것처럼 이는 항시 보편적이고 통상적이다.

비록 갱도의 깊이는 얕고 탄가루는 묻지 않았더라도 시집 『바람은 길을 묻지 않는다』에 상재된 시편들이 독자 곁에서 삶과 애환의 반려가 되고 헝클어져 가는 사회정서의 순화적 촉매제가 되길 기대하고 열망한다.

매미는 마지막 노래까지 처절히 영혼을 사른다

— 문학의 대바늘로 삶의 솔기를 꿰매며

최 병 영(시인 · 수필가 · 문학평론가)

1. 국문학에는 여인의 향기가 있다

살아가는 여정의 길목에서 이따금씩 질문을 받는다. 왜 국문학을 전공했느냐고. 나는 서슴없이 대답한다. 여인들 때문이라고. 사실이 그랬다.

외로웠다. 외로운 만큼 동경이 많았다. 손이 귀한 집안의 장남으로 태어난 나는 손이 귀했던 만큼 웃어른들의 사랑을 독차지했다. 아래로 거푸 두 명의 남동생을 보게 되자 그 사랑은 더욱 극한으로 이어졌다. 노상 조부모가 껴안고 살아서 어머니는 미처 안아볼 기회도 많지 않았다고 한다. 내 기억에는 어머니의 포근한 가슴에 안겼던 기억이 별로 존재하지 않는다. 어머니가 있어야 할 자리에 늘 할머니와 할아버지가 있었다. 그래서였으리라. 돌이켜 보면 나는 어머니가 돌아가셨을 때보다 할머니가 돌아가셨을 때 더 많은 눈물을 흘렸다. 어머니는 할머니가 돌아가신 후에야 비로소 어머니 자리에 위치할 수 있었다.

사내애들끼리 버무려져 살아가는 생활은 선이 굵었으나 다툼이 많았다. 아기자기한 유연성과 부드러움은 존재하지 않았다. 누나나 여동생을 가진 친구들이 몹시 부러웠다. 나는 동생들과 친구가 겹치지 않도록 훨씬 나이 많은 선배들만 사귀었다. 남자중학교와 남자고등학교로 이어지는 학교 생활에서 그 결핍은 더욱 견고해졌다. 그렇다고 툭 터놓고 적극적으로 이성 관계를 추구해갈 만큼 성격이 개방적이지도 못했다. 현실생활에서 느껴지는 이성에 대한 갈증은 늘 목마름으로 들끓었다.

서울의 공업고등학교에서 남녀공학고등학교 교사로 전근 갔을 때 일이다. 부임 첫날 점심 식사하러 교내식당에 들렀다. 막 식사를 하려는 순간 수업 종료 벨이 울리고, 우르르 여교사들이 식당에 몰려들었다. 그녀들은 거리낌 없이 나를 에워싸고 앉아 재잘대며 식사를 하였다. 그러나 나는 극도로 익숙하지 않은 낯선 정황 때문에 제대로 식사조차 하지 못했다. 주위 여인에 대한 갈증은 학교 생활과 군대 생활을 거쳐 공업학교 교사로 이어지는 과정에서 느끼는 일관성 있는 현상이었다.

대부분의 사람들이 그렇듯, 내 초등학교 생활도 비교적 화려했다. 입학에서부터 졸업 시까지 줄곧 반장에다 우등생에다 모범생이었다. 그러나 시골 농촌 학교에서 도시 중학교로 진학하고 나서는 적응력이 그리 원활치 않았다. 학교 수석들이 몰려든 중학교에서 내 순위는 앞줄에서 뒷줄로 밀려나갔다. 그것은 내게보다 우등생을 소망하는 부모에게 더 큰 충격이었다. 그러나 나는 정작 성적보다도 황토 흙에 대한 열등의식이 더 강했다. 내 고향은 온통 황토였다. 눈에 보이는 데까지 신작로도, 밭도 모두 황토였다.

비오는 날, 황톳길은 무지막지한 고통의 진원지였다. 겨울에 꽁꽁 언 얼음이 풀릴 때에도 황톳길은 늪처럼 질퍽거렸다. 신작로를 거쳐 자동차가 다니는 대로(大路)까지 나가면 신발은 물론이고 바짓가랑이가 온통 황토흙물이었다. 엄청났던 고생은 차치하고라도 이는 명백한 시골촌놈이라는 광고판이었다. 나는 늘 아스팔트를 걸어 등교하는 도시아이들의 말짱한 바짓가랑이에 열등의식이 강했다.

골목에서 서성이는 일상의 잔상 끌고 간
바람의 자국 따라가며
삽살개 한 마리 짖지 않는
황톳길에서
붉은 정령들의 비명소릴 듣는다

풀썩풀썩 흙먼지 이는 황톳길에
꼬장꼬장 마른 햇살 내려박히고
사막처럼 갈증이 타오르는
들풀들의 숨소리 거칠다
황톳길 모퉁이에선 아직도
옛날 문둥이들이 절름거리며 걷다 버린
상처딱지가 벚꽃처럼 흩날린다

해거름 불기둥에
뼈마디 깎는 인고의 시간 들끓고
삶의 무게보다 훨씬 더 무거워져서야
비로소 가벼워지는
천년을 함묵(含默)하며 살아온
소금 꽃 같은 여인의 눈물
황토적삼 베옷에 올올이 배어든다

섧어서, 정녕 섧어서
시들어가는 잎맥 한 줌 따내
붉은 향으로 우려낸다
서러움 흥건히 고인 종지에서
상처 덧난 문둥이 처절한 절규가 들끓고
여인의 울음 섞인 황토향이 술렁인다

붉어서 설운 것들
시들어서 더욱 설운 것들.

— 시 · 수필집 『길에서 만난 풍경』 중 「황톳길」 전문

2. 독서와 감상문은 기름진 문학의 토양이었다

성적이 자꾸만 뒷걸음질을 해댔다. 공부보다는 운동에 열중하면서 나타난 현상이다. 학교 교육과정에는 정규적으로 유도시간이 편성되어 있었으나 나는 이보다 태권도에 더 깊숙이 빠져들었다. 학교 뒷산에서 운동하는 아이들이 결집하여 부딪친 패싸움이 있었다. 유도패거리와 태권도패거리의 집단싸움이었다. 이 일이 있은 후 부모님은 나를 시내에 하숙시키기로 결심하셨다. 내가 다니는 학교에 국어교사로 재직하는 재종고모 댁이었다. 고모는 철저히 나를 자신의 울타리에 가두고 안테나 세워 감시하기 시작하였다. 고모는 초등학교밖에 나오지 않았지만, 고모부와 결혼한 이후 엄청난 독서량을 통해 매우 해박한 지식을 보유한 입지전적 인물이었다.

고모는 내 일기와 영화 감상문까지 훔쳐보면서 생활을 통제해 갔다. 고모부는 과묵하고 칭찬에 인색한 분이었다. 그는 나의 학업에 집중하지 않는 태도를 엄히 꾸중하면서도 끝에 '글 하나는 잘 쓴다'는 칭찬 아닌 칭찬을 꼬리표로 달아주셨다. 고모와 진중히 진로에 대해 논의할 때 나는 국문학과에 대한 내 의중을 내비쳤다. 물론 여학생이 많은 학과 특성의 개별 선호도는 노출시키지 않았다. 고모는 '국문학은 배곯기 딱 좋은 학과' 라고 우려하면서도 월별 독서량을 정해주고 그에 대해 독서 감상문을 쓰도록 강제 조치하였다. 그로부터 나의 독서 일정은 시작되었다. 한국문학전집과 세계문학전집을 망라하여 제반서적을 열심히 답파해갔다. 러시아소설을 탐독할 때는 그

무슨 '-스키' 종류의 생소하고 복잡한 등장인명이 독서진로를 방해했지만 끈기로 이를 극복해갔다. 고모부 서가의 책을 완파하고 학교 도서관 장서를 무량으로 읽어갔다. 지금 와서 보면 그때 읽은 독서량과 감상문 쓰기가 나의 문학적 토양을 이루어 준 것으로 여겨진다. 그래서 천성적으로 사고력이 얕고 글재주가 빈한한 주제에 이만큼이나마 글쓰기 흉내를 내고 있는 것으로 여겨진다.

신 새벽
나뭇잎에서 또르르 구르는 옥구슬
표주박에 받아
녹슨 문고리 닦아낸다

새하얀 모시로 걸러
바다에서 막 건져 올린 결 고운 햇살
실 비단 고이 수놓는 새날
팔작지붕 고샅길 나서며
전율로 샛바람을 맞는다

장독대 항아리
오랜 세월 우려낸 장맛 같은
옛 숨결 출렁이는 뒤란
돌 틈 비집고 자란 억새가
뜨거운 가슴으로 온 산을 품는다

비운 만큼 깊이 쏟아지는
파릇한 하늘로
포로롱
파랑새 한 마리 날아오른다.

— 시집 『시나위가락, 강물로 여울지다』 중 「파랑새 나는 날」 전문

결국 국문학과에 진학했다. 예상대로 여학생이 많았다. 그러나 점차 세월이 흐르면서 꼭 그렇게 여학생이 아름답게만 여겨지지는 않았다. 여학생은 참새처럼 끊임없이 재잘대고 카멜레온처럼 무시로 변덕스러웠다. 그게 때로는 피곤하고 신경 쓰이고 감당키 어려웠다. 국문학과에 재학하면서도 혼신을 다하는 글쓰기 연마보다는 전력을 다해 문학을 안주로 하는 술자리를 더 많이 가졌다. 연말이 다가오면 끼적거려 쓴 졸작을 신춘문예에 던져봤지만 종래 까마귀소식이었다. 졸업하자마자 ROTC로 군대에 입대했고, 제대하고서 바로 교편을 잡았다. 아이들에게 문학을 가르치면서도 정작 나 자신은 문학과 멀어져 있었다. 일상으로 문학을 끼고 살았지만 그것은 순전히 아이들의 대입수능을 위한 목적성 문학에 불과했고, 이는 단 한 번도 내 것으로 승화되지 못했다. 문학은 나에게 문양으로만 잠재하는 허상의 존재에 불과했다.

시는 그냥 시인데
그냥 통째로 시일뿐인데,
시가 교실에 들어서면
인정사정없이 해부된다
사인(死因) 규명에 나선 시신처럼
수술대에 올려놓고서
오장육부를 떼어내고
뼈를 간추려내고

시는 그저 시일뿐인데
푸주간의 고기마냥
이리저리 토막 쳐서
주제, 제재를 골라내고
어조, 율격을 골라내고
심상, 비유를 골라내고

시가 교실에 들어서면
눈꽃처럼 하얀 시트를 덮고
너덜너덜 찢겨
고통스럽게 죽어간다
영안실에서 호곡하는
마른 울음소리 하나 없이.

— 시집 『자기야, 청산도 가자』 중 「시가 교실에 들어서면」 전문

학교 국어교사로 재직하고 있을 때이다. 새 학년도에 국어교과서를 들고 첫 수업에 들어가면 아이들이 꼭 이구동성으로 외치는 말이 있었다.

"선생님, 지금 체육시간 아닌데요!"

그러면 나도 거기에 덧붙여 응답했다.

"알아 인마, 교련시간도 아니지?"

아이들은 누구나 내가 체육교사인 줄 착각하고 있었다. 대개 국어교사는 곱상하고 야들야들한 이미지를 가진 게 통념적이다. 그러나 나는 체구도 크고 얼굴도 그리 유순한 모습이 아니어서 전혀 국어교사와 어울리지 않는 외형을 지니고 있다. 실상 학교에서 교직원끼리 축구나 배구, 테니스경기를 할 때면 어지간한 체육교사보다 훨씬 기량이 뛰어나기도 했다. 국어교사인 내게서는 전혀 국어 냄새가 나지 않았다. 그것은 행복이기도 했고, 불행이기도 했다.

어느 날, 예고 없이 고등학교 동창 녀석이 학교로 찾아왔다. 출판사를 하고 있는 시인이란 것을 풍문으로 알고 있었지만 가까운 친교 관계는 아니었다. 무단정권 때 동학혁명을 주제로 하는 시를 써서 체포령이 내리는 바람에 한동안 도피생활을 했다는 풍문도 들은 바 있다. 그가 술자리에서 문학에 대해 이런저런 얘기를 꺼내더니 그간 쓴 글이 있으면 달라고 했다. 별 생각 없이 학교교지에 발표한 수필 두

어 편을 건네주었다. 그 일을 잊고 지낸 한참 후, 신인 당선 소감문을 보내달라는 연락이 왔다. 그 녀석이 내 글을 문학지에다 게재하기로 약정한 것이다. 나의 문학가로서의 생활은 그렇게 완전히 타의에 의해 피동적으로 첫 걸음이 떼어졌다. 문학가의 관문이 그렇게 쉽게 넘을 수 있는 낮은 문턱인 데에도 놀랐다. 내 의식에는 예전에 신춘문예나 3회 추천제의 험난한 제도적 의식만 잠재했기 때문이다. 나의 문학은 그렇게 제대로 뼛골도 조립하지 못한 채 참으로 보잘것없고 시시하게 드넓은 문학의 바다로 떠밀려갔다.

3. 내 생의 여정에서는 네 가지가 활활 타올랐다

내 생에는 뜨겁게 열정을 불태운 네 가지 일들이 있다. 우스꽝스럽게도 그 첫 번째 일은 사교춤이다. 지방에서 서울 소재 고등학교로 전입해 온 며칠 후 교직원들이 환영연을 베풀어주었다. 그런데 공교롭게도 이차로 옮겨간 곳이 바로 카바레였다. 휘황하게 명멸하는 조명등 아래 무대에선 가수가 열창하고 플로어에선 남녀가 뒤엉켜 돌아가고 있었다. 처음으로 접하는 충격적인 문화의 현장이었다. 나는 그저 넋을 놓고 망연히 현장을 주시할 수밖에 없었다. 그만큼 그곳은 격동적이었고, 모멸감과 열등의식이 발현한 장소이기도 했다.

동료들과 함께 춤을 배우기 시작했다. 충격적이었던 만큼 적극적으로 매달렸다. 사교춤의 승패는 결국 현장실습에서 가름되었다. 넉살 좋고 용기가 있어야 가능한 일이었다. 한 발 떼자마자 초보자임을 감지하고 손을 놓고 나가는 여인들이 비일비재했다. 제대로 된 춤꾼이 되려면 여인을 천 명쯤 잡아야 하고 기와집을 세 채쯤 날려야 한다는 말도 들려왔다. 자존심 상하여 모두 중도에서 포기하고 말았지만 나는 악착같이 그 과정을 극복해냈다. 서울시를 도로별로 세분화하고 매주 장소를 옮겨가며 실습하는 과정을 되풀이했다. 스텝이 꼬이면 도면에 발 위치를 그려가며 원인을 분석하고 해결책을 모색했다. 그리하여 종래에는 춤 세계의 정상위치에 올라섰고, 그 즈음에 미련 없이 발길을 접었다.

두 번째로는 풍물놀이를 들 수 있다. 불혹의 나이에 들어설 무렵에야 벼룩신문을 통하여 풍물세계를 만나게 되었다. 어렸을 때 시골마을 어른들이 풍물놀이를 하며 고샅을 누비던 광경이 선연했다. 처음으로 장구를 잡고 휘모리장단을 칠 때는 감격에 겨워 눈시울까지 뜨거워졌다. 바로 내가 희원하고 의식의 저변에 잠재해왔던 정서의 본질이었다. 풍물교실에서 지역풍물로, 또 서울시교사풍물패로 점차 활동영역을 확장하며 열심히 가락을 익혀갔다. 수업시간에도 꽹과리채를 들고서 틈만 나면 허벅지에다 가락을 쳐대는 바람에 퍼렇게 멍들기 일쑤였다. 설장구가락을 익힐 때이다. 늦은 밤, 동아리 연습을 마치고 귀가하기 위해 지하철역에서 손으로 허벅지에 가락을 치는데 곁에서 혼잣말소리가 들려왔다. 한동안 내 모습을 물끄러미 바라보던 아주머니였다.

— 쯧쯧, 참 안됐네. 아직 젊어 보이는데 저리 돼서.

내가 중병 들어 손을 떨어대는 것으로 오해한 것이다.

어언 풍물세계를 접한 지 30여 년이 가까워오지만 나는 아직도 손에서 꽹과리채를 놓지 않는다. 지방여행 때도, 공원 산책 때도 관습처럼 꽹과리채를 챙긴다. 그 덕분에 교육계를 퇴직한 지금 사회에서 풍물을 지도하고 공연하며 정서적인 풍요와 만족을 누리고 있다.

금빛 파장 파르르
일렁이는 불꽃
방목된 장단의 살점에
붉은 피 낭자하다

태초의 염원으로
두들길수록 강고해지며

무욕으로 태워지는 숨소리
혼을 살라 불춤 추며
꽃가루로 날리는
음(音)의 비늘들

바람소리 무심한 사념으로
굿판에 육신 내어주고
비우고 비워내어
빈자(貧者)의 가슴으로
사위어가는
검붉은 진혼곡

언젠가, 내 할배가
끙끙 짊어지고 산 고개 넘던
서러운 한의 불덩이.

— 시집 『자기야, 청산도 가자』 중 「꽹과리소리」 전문

세 번째로는 승진과정이다. 동료들끼리 바늘귀를 뚫고 들어가는 치열한 경쟁이 전개되었다. 우선 승진연수대상자로 선정되는 일부터가 결코 녹록지 않았다. 연수대상자가 되기 위해서는 근무경력평정, 근무성적평정, 연수성적평정, 연구실적평정, 가산점평정 등 수많은 항목에서 모두 최상위 권을 확보해야 했다. 평정항목마다 항목의 하위에는 또 다른 여러 개의 하위평정항목이 존재했다. 자신의 피나는 노력과 더불어 특별히 행운이 따라야 가능한 일이었다.

방학 때 무료하여 교육논문을 한 편 쓴 것이 예기치 않게 해당기관에서 일등급으로 입상한 게 계기가 되었다. 그 후 평정대상의 각 항목을 충족시키기 위해 전력을 기울였다. 승진연수 시에는 독서실에서 밤샘공부를 하며 여러 차례 코피를 쏟기도 했다. 성적 순위에 따라

발령이 주어지기에 대상자 모두가 전력을 다했다. 그 결과 다행히 교감연수는 노력한 만큼 평정결과가 나왔고, 교장연수에서는 성적우수상을 수상하는 행운을 누리기도 했다.

네 번째로는 문학생활을 들 수 있다. 학교 재직 때는 극히 제한적이던 시간이 정년퇴직과 더불어 봇물 터지듯이 넘쳐났다. 시간을 효율적으로 관리하며 글쓰기에 집중하기 시작했다. 시와 수필을 비롯하여 문학평론에까지 영역을 확장했다. 그러나 글의 가치는 결코 시간과 비례하는 것은 아니었다. 글을 쓰면 쓸수록 빈곤이 느껴졌다. 냇물처럼 유연히 흐르고 수밀도처럼 과즙으로 충만해야 할 글의 내면에서 자꾸만 풀썩풀썩 먼지가 일었다. 시에서도 수필에서도 충만치 않은 공허감이 자꾸만 확장되어 갔다.

문학의 근원적 본질은 감동이다. 감동이 없으면 바람직한 문학이 아니다. 문학은 인생의 깊은 심연에 이르러 처절한 고뇌와 갈등과 심오한 사유의 결과물일 때라야 생동적인 감동을 함유할 수 있다. 그런 아픔 없이 남발해온 문학에 감동이 결여된 건 당연한 일이었다. 이제 좀 더 치열하게 인생의 밑면으로 내려가야겠다.

4. 내 문학은 지금 빨간 신호등 앞에서 아장거린다

(1) 나의 문학적 관념

문학은 인생을 탐구하고 표현하는 창조적 세계라는 본질을 지닌다. 문학은 자신이 체험을 통해 얻은 진실을 언어를 매개로 하여 표현하는 예술이다. 언어를 수단으로 문학적 전통을 통해 인간의 삶이 녹아내려야 하는 것이다. 나는 내 글이 이러한 문학의 본연에 접근하여 탄실하게 뿌리를 내리지 못하는 데에 심한 역량의 한계를 느낀다. 문인이라는 이름으로 허실하게 문학의 영역에 설익은 숨결을 놓아서는 안 되는 연유이다.

시는 상상력이 바탕이 되고 수필은 체험이 바탕이 되는 글이다. 그러기에 시는 청년의 문학이요, 수필은 장년의 문학이라 인식되고 있다. 시는 인생을 깊이 파고 내려가는 갱도의 문학이고, 수필은 인생의 지평을 넓혀가는 평원의 문학이랄 수 있다. 시는 묘사의 글이고, 수필은 서술의 글이다. 명백히 시와 수필의 문학적 장르와 특성은 다르다. 시는 잎이 무성한 여름나무를 보면서 잎에 가려진 나무의 실체를 상상해 보는 것이고, 수필은 앙상한 겨울 나목을 보면서 나무의 모습을 있는 그대로 느끼는 것이다.

나는 수필로 문학의 영역에 들어섰다. 수필을 쓰면서 최대한 경계한 것이 이른바 신변잡기이다. 그동안 주위에서 신변잡기에 머무르는 글을 너무도 많이 보아온 탓이다. 신변잡기는 문학이 아니라는 일관된 지론을 견지하고 있다. 그러기에 가급적 일인칭 주인공 시점의 서술을 자제하고 삼인칭 전지적시점의 전개에 더 애착을 가진다. 글의 주된 소재와 주제를 우리 전통문화의 탐색에서 찾고 있는 것도 신변잡기를 탈피하기 위한 일종의 방향 설정이자 몸부림이다.

그러나 때로 신변잡기도 글의 재료로 충분한 가치를 가지고 있는 것으로 인식한다. 넓게 보면 세상의 모든 문학 가운데 신변잡기 아닌 것이 있으랴. 이 단순한 신변잡기가 문학으로 승화하기 위해서는 문학적 가치를 가져야 된다. 그게 바로 작가의 창의성이리라. 시는 물론이거니와 수필에 있어서도 단순한 체험적 기록을 탈피하기 위해서는 창의적 재구성이 절대적 요소라 할 것이다.

수필을 쓰다가 시세계로 영역을 확장했다. 나는 시와 수필을 함께 쓰면서 가장 경계하는 것이 장르의 특성 구분이다. 시가 수필이 되어서는 안 되고 수필이 시가 되어서는 안 되기 때문이다. 수필가가 쓰는 시의 대부분 맹점은 무분별한 언어 남용이다. 수필처럼 자세히 설명하고 친절히 안내하고 교조적인 의미까지 서슴지 않는 글들을 다수 목격한다. 시의 생명은 함축과 비유와 상징이다.

(2) 내가 추구하는 시와 수필세계

나는 대중교통을 이용할 때 항시 읽을거리를 준비한다. 대개는 시집일 경우가 많다. 평소 시심을 잃지 않고 시적 상상력을 유지하기 위해서이다. 수필은 주제와 제재를 확정하고 치밀한 구상을 통하여 얼개를 형성해 집필하면 되지만, 시는 시적 세계에 흥건히 젖어 있지 않고서는 형상화하기 어렵다. 시집에서 향기 짙은 작품을 발견할 때면 소름이 돋을 정도로 전율이 느껴진다. 하지만 뒤표지 닫을 때까지 끝내 눈길을 끌어가는 작품 한 편 발견할 수 없는 시집들이 많아서 안타깝다.

시는 의미적 요소와 회화적 요소, 정서적 요소와 음악적 요소로 구성된다. 곧 주제와 형상과 정서와 운율을 말한다. 이를 작품화하는 과정에서 함축미와 이미지와 비유는 필연적이다. 시는 말하지 않고 말함으로써 독자가 상상의 나래를 펼쳐 작품에서 숨은 그림을 찾을 수 있어야 한다. 하지만 연과 행을 나누었을 뿐, 연결하면 바로 수필이 되는 절름발이 시들이 많다. 그리고 시적요소를 갖추어 속 깊이 의미를 담은 시보다도 겉으로 의미가 드러나는 수필 닮은 시들이 더 많이 읽히고 있기도 하다. 깊이 사고하기를 기피하는 현대인의 특성에 연유하리라. 이런 현상 앞에서 나는 내가 구축할 시의 행로와 집필에 대해 심한 자괴감을 가진다.

> 불확실한 금광에서 원석 한 점 캐기 위해
> 한없이 어둠의 동굴을 파고 내려가는
> 고된 노역꾼,

한 음절의 등 푸른 언어를 배태하기 위해
끝없이 고뇌하고 번민하며 가슴앓이하는
숙명적인 몽유환자
시인은

은비늘 물고기 한 마리 낚기 위해
강가에서 휘어진 낚싯대 드리우고
바람에 닳은 영혼까지 갉아대며
사유의 뿌리 짓씹는 광대,
영롱한 별빛 한 점 채록하기 위해
사막에다 숭숭한 그물망 펼쳐놓고
함축과 비유와 상징의 미로를 탐험하는
영원한 고독의 방랑자
시인은

안개 자욱한 허공 한 줌 움켜쥐고
끊임없이 물음표를 느낌표로 환치하며
멀리 번지는 향을 쏟아내는
피안(彼岸)의 숭배자,
소금기 찌든 광막한 염전 건너
음표 다 떨어진 겨울 숲을 헤치며
다비식처럼 활활 타오르는
샐비어 꽃잎
시인은.

— 시 · 수필집 『길에서 만난 풍경』 중 「시인」 전문

수필은 삶과 가장 지근거리에 있는 문학이다. 자신의 삶과 인생의 모습을 비춰보는 맑고 투명한 거울이다. 수필은 사실적 체험에다 상상과 느낌을 보태어 재구성과 해석을 통해 삶의 의미를 부여하는 문

학이다. 수필은 독백이고 마음의 산책이고 자아성찰의 문학이다. 수필은 들국화처럼 수수하고 소박하게 피어난다. 수필은 연꽃처럼 진흙에 뿌리 내리고 은은히 향기를 뿜어낸다. 나는 수필의 그런 특성에 주목하고 그런 작품을 쓰기 위해 노력한다.

그러나 지금 내 문학은 빨간 신호등 앞에서 자꾸만 아장거린다. 작품의 생명이랄 수 있는 상상력의 결핍에 시달리고, 개요를 구상화하는 설계도 작성에 취약하다. 나는 문학의 집 한 채 짓는 일에 진력하면서도 대들보 세우고 벽돌 쌓는 일에 버거워 한다. 그것 또한 마모되어 가는 내 창작의식의 한계이고 무능이다.

5. 나는 문학의 곁가지에 앉아 매미처럼 운다

나는 시를 논할 때 명품 조리사가 되기를 강조한다. 명품 요리를 만들 때 조리사는 신선한 재료부터 챙긴다. 좋은 재료에다 적절한 양념을 하여 자신만의 조리기술로 맛있는 음식을 만들어낸다. 또 함부로 작품 속에 들어가서 법조인이나 교사나 잡화점주가 되지 말 것을 강조한다. 해석과 판단은 오로지 독자의 몫이기 때문이다. 조리사는 손님을 위해 가장 양질의 음식을 제공하면 된다. 조리사는 맛깔스러운 음식을 만들기 위해 꾸준히 연마하고 인내해야 한다. 그러기에 나는 토마스 벅스톤이 말한 '평범한 재능과 비범한 인내만 있다면 세상에서 얻지 못할 것이 없다' 는 명구를 철썩 같이 믿고 신주처럼 받들며 산다.

나는 오늘도 문학의 곁가지에 앉아 매미처럼 운다. 매미 울음은 천년을 삭인 울음이다. 한 계절의 한 순간 울음을 위해 깜깜한 땅속에서 천형과 형극을 인내한 피울음이다. 마지막 생을 사르는 매미의 울음은 장엄하고 처절하다. 울음소리에서 파랗게 혼불이 튄다. 문학의 곁가지에 앉은 내 울음이 그렇다.

신 새벽 동녘의 떫은 살점
한 입 뭉텅 베어 물고

꼿꼿한 햇살 분지르는
격한 소리

그대 있어 여름은 뜨겁고
오늘도 태양은 실핏줄까지 타든다

이파리 무성한 나뭇가지
그늘 속 슬픔마저 승천하는 살풀이

질긴 해 뭉크러져 저리 아린가
긴 세월 으깨어져 저리 저린가

뜨거운 바람결 두드리는 소나기
자진모리 추임새로 가쁜데,

사랑은 숨을 태우는 열병이라고
사랑은 혼을 사르는 형극(荊棘)이라고.

— 시집 『깡태의 꿈』 중 「매미, 혼으로 울다」 전문

지난해 겨울, 문학행사가 끝나고 여럿이서 대폿집에 몰려갔다. 거기서 만난 한 작가의 언사가 지금도 생생히 뇌리에 꽂혀 있다. 그는 한 편의 작품을 집필할 때면 탈고할 때까지 꼭 꼭두새벽에 목욕재계하고 정결한 몸과 마음으로 책상에 앉는다고 했다. 정갈한 한 편의 글을 쓰기 위해 지금 내가 서둘러 할 일은 바로 목욕이다.

문학세계대표작가선 775

바람은 길을 묻지 않는다

최병영 제4시집

인쇄 1판 1쇄 2016년 5월 2일
발행 1판 1쇄 2016년 5월 9일

지 은 이 : 최병영
펴 낸 이 : 김천우
펴 낸 곳 : 도서출판 천우
등 록 : 1992. 2. 15. 제1-1307호
주 소 : 서울시 성동구 무학봉28길 6 금용빌딩 2F
전 화 : 02)2298-7661
팩 스 : 02)2298-7665
http://www.moonhaknet.com
E-mail : chunwo@hanmail.net

값 10,000원

ISBN 978-89-7954-633-0

이 도서의 국립중앙도서관 출판시도서목록(CIP)은 서지정보유통지원시스템(http://seoji.nl.go.kr)과 국가자료공동목록시스템(http://www.nl.go.kr/kolisent)에서 이용하실 수 있습니다. (CIP제어번호 : CIP2016011421)